UN MÉTODO NEUROCIENTÍFICO PARA
LA TRANSFORMACIÓN HUMANA

MOMENTUM

códigos de cambio

REBECA CAREY

Momentum: Códigos de Cambio

El contenido de esta obra tiene fines formativos y de reflexión personal. No sustituye procesos médicos, psicológicos, psiquiátricos o terapéuticos, ni pretende ofrecer diagnósticos, tratamientos o prescripciones. La autora no asume responsabilidad por el uso que cada lector haga de la información aquí presentada.

Primera edición: 2026

Fecha de publicación: 29 de enero de 2026

ISBN: 978-607-29-8236-9

Autora: Rebeca Carey

Contenido y diseño editorial: Rebeca Carey

Lugar de publicación: Tijuana, Baja California, México

En honor a mi madre, Ana Gloria,
por su presencia constante
y por su inquebrantable confianza en mí.

ÍNDICE

PARTE II
El Método Momentum

APÉNDICE

CARTA DEL AUTOR

Rebeca Carey

Hay procesos que comienzan en silencio, mucho antes de que puedan nombrarse. Este libro nace de uno de ellos. Si estás abriendo estas páginas, no es por casualidad: es porque existe en ti una disposición —tal vez incipiente, tal vez ya madura— a mirarte con mayor honestidad, a detenerte y a dirigir tu atención hacia aquello que pide ser comprendido.

Mientras escribía esta obra, pensaba en quienes han intentado comprenderse sin contar con un mapa claro; en quienes avanzan a tientas, buscando una forma de entender su mundo interno sin sentirse perdidos. Pensaba también en mí. Momentum nació del deseo de ofrecer aquello que durante mucho tiempo necesité y no encontré de manera integrada: una estructura clara y coherente capaz de reunir, en un solo lugar, lo que tantas veces apareció fragmentado.

El camino que dio origen no fue sencillo. Se trató de un trayecto largo y exigente, atravesado por dudas, quiebres y períodos de profundo reajuste interno. Hubo momentos en los que fue necesario retirarme del ruido externo y permanecer a solas con lo que estaba comprendiendo, como parte de un proceso deliberado de despojo que permitiera abrir espacio a lo nuevo. Durante más de diez años estudié, investigué, contrasté perspectivas y exploré distintos enfoques, no desde la comodidad intelectual, sino desde la necesidad real de entender qué sostiene un cambio verdadero cuando la vida se vuelve compleja.

Ese proceso implicó desmantelar formas antiguas de pensar, soltar estructuras que habían dejado de responder y habitar, sin atajos, la incomodidad de no saber durante largos periodos. Hubo etapas de confusión, reconstrucción y depuración rigurosa, en las que me permití experimentar, ensayar y observar con la precisión de quien trabaja en su propio laboratorio interno. Muchas de esas búsquedas ocurrieron en soledad, en un territorio poco comprendido por mi entorno, donde mis preguntas, mis prácticas y mis decisiones podían resultar extrañas, incluso incomprensibles, para quienes me rodeaban.

Solo permaneció aquello que, con el tiempo y la práctica sostenida, demostró verdadera solidez y una capacidad real de transformación en la vida cotidiana.

Este método es la síntesis de todo ese proceso. No surgió de una teoría aislada ni de una fórmula improvisada, sino del esfuerzo sostenido por comprender cómo se organiza la mente, cómo se transforman los patrones de acción y qué condiciones permiten que una persona conserve la dirección cuando decide cambiar. Es, en esencia, el resultado de un proceso vivido que, con el tiempo y la práctica, pudo ponerse al servicio de otros.

Hay algo profundamente personal en este gesto. Para mí, este libro es una forma de trascender lo vivido: honrar la dificultad atravesada, el aprendizaje integrado y la experiencia misma de estar viva, y permitir que todo ello se convierta en un punto de referencia para otros. Que este trabajo pueda servir de apoyo a quien atraviesa un momento complejo, a quien desea crecer aun estando bien, o a quien se siente detenido en un punto intermedio, da sentido a este recorrido. Compartir este método es mi manera de dejar ese saber abierto, con la intención de que siga siendo útil incluso más allá de mi propia presencia.

A lo largo de estos párrafos irás descubriendo que la transformación no ocurre por un acto instantáneo de voluntad ni por la fuerza. El cambio real comienza cuando la conciencia se vuelve más lúcida, cuando la atención aprende a sostenerse y cuando el compromiso con uno mismo adopta un tono más deliberado. Este texto propone ese marco: un espacio de comprensión y acompañamiento desde el cual puedas observarte con mayor claridad y comenzar a reorganizar tu manera de estar contigo.

Los libros pueden dejar huellas que no se agotan en la lectura. A veces, una sola idea, una forma distinta de mirar o una comprensión incipiente empieza a reorganizar silenciosamente la manera en que tomamos decisiones y nos relacionamos con nosotros mismos. Esta propuesta busca ofrecer ese tipo de experiencia: un lugar donde el orden interno pueda empezar a delinearse y donde la atención encuentre una dirección más clara.

Irás construyendo una visión más consciente de tu mundo interno, una base desde la cual observarte con mayor precisión y responder a tu vida desde un lugar más deliberado. El sentido de estas páginas no es ofrecer respuestas cerradas, sino sostenerte en el desarrollo de un discernimiento propio, capaz de orientarte más allá de estas líneas.

Gracias por abrir este espacio de lectura y de atención. Que lo que aquí tome forma se convierta en un punto interno de referencia, al que puedas regresar cada vez que lo necesites.

INTRODUCCIÓN

El poder del Momentum

Hay momentos en la vida en los que algo invisible cambia de dirección. No es un milagro ni una coincidencia. Es el instante en que la conciencia humana se alinea con su propia biología del cambio.

El pensamiento, la emoción y la acción comienzan a moverse en una misma dirección, y el cuerpo lo percibe como una corriente interior que impulsa hacia adelante. Ese estado —donde la energía mental deja de dispersarse y adquiere dirección— es lo que llamo Momentum.

El Momentum no es entusiasmo, tampoco es voluntad forzada. Es la expresión visible de un proceso interno donde el cerebro ha comenzado a reorganizarse: las redes neuronales que sostenían viejos hábitos pierden fuerza, y nuevos circuitos emergen para dar soporte a una versión más coherente de quien somos.

El cambio, visto desde la neurociencia, no ocurre por deseo ni por motivación momentánea, sino por repetición consciente y emoción sostenida. Cuando ambas convergen, el sistema nervioso aprende a reconocerse en una nueva frecuencia.

El Momentum es, por tanto, una fuerza fisiológica y simbólica. Es el punto en que la mente deja de girar en torno a lo que teme perder y comienza a desplazarse hacia lo que puede crear. En términos neurológicos, es el momento en que la atención —ese recurso tan limitado— se convierte en energía direccional.

La corteza prefrontal coordina, la amígdala se silencia y el cuerpo experimenta la calma dinámica que precede a toda transformación real.

Cada persona vive su Momentum de manera distinta. Para algunos se manifiesta como un pensamiento repentino: "ya no quiero vivir así". Para otros, como una sensación de cansancio profundo que anuncia que algo viejo debe morir para que lo nuevo pueda nacer. El cambio no ocurre de golpe: es un fenómeno biológico que se cultiva.

El cerebro necesita señales repetidas de intención y acción para construir nuevas rutas, del mismo modo que un sendero se marca en la tierra por el paso constante de los pies.

Este libro nace de una convicción y de una certeza científica: la convicción de que el ser humano puede transformarse profundamente y la certeza, demostrada por la neurociencia contemporánea, de que esa transformación tiene un correlato físico medible dentro del cerebro.

De esa unión entre ciencia y experiencia nace el Método Momentum, un proceso de reconfiguración consciente que traduce el funcionamiento real del cerebro en pasos aplicables de transformación personal.

El Método Momentum no es una teoría ni una promesa. Es una práctica estructurada que une comprensión, emoción y acción para generar un estado sostenido de coherencia interna.

A lo largo de estas páginas recorrerás un proceso diseñado para unir comprensión, práctica y consciencia. Aprenderás cómo funciona tu mente cuando intenta cambiar, por qué resiste y qué necesitas hacer para que esa resistencia se convierta en aliada.

Cada capítulo será una experiencia de autoconocimiento guiada por la ciencia: verás cómo se crean los hábitos, cómo las emociones moldean la percepción y cómo el cuerpo puede convertirse en un aliado del pensamiento.

El propósito no es que adoptes ideas nuevas, sino que experimentes un modo distinto de habitar tu mente. No se trata de cambiarte a ti mismo, sino de recordar tu capacidad de reorganizarte. Porque cada pensamiento que eliges conscientemente modifica tu biología y cada emoción que transformas desde la presencia fortalece las redes neuronales de la coherencia interna.

El Momentum comienza aquí: en el instante en que decides

observarte con honestidad, cuando reconoces que tu cerebro está preparado para aprender algo nuevo, cuando asumes que el cambio no es un milagro, sino una dirección.

"El Momentum es la ciencia de avanzar desde adentro".

-Rebeca Carey

PARTE I

Fundamento Científico Del Cambio

"No se puede transformar lo que no se comprende".

-Rebeca Carey

El cambio no comienza en la fuerza de voluntad, sino en la estructura de lo que percibimos. Cada pensamiento, cada emoción y cada decisión se apoyan sobre redes neuronales moldeadas por años de repetición, experiencia y memoria.

Cambiar significa, modificar la forma en que el cerebro se conecta consigo mismo. Durante mucho tiempo se creyó que el cerebro adulto era una máquina fija, condenada a repetir los mismos patrones una y otra vez. Hoy sabemos que esa idea pertenece al pasado.

La ciencia moderna ha demostrado que el cerebro es un sistema vivo, en permanente reorganización; un órgano capaz de crear y destruir conexiones según aquello que vivimos, pensamos o sentimos. A este poder natural de cambio estructural lo llamamos neuroplasticidad. Comprender la neuroplasticidad es entender el cambio humano desde su raíz biológica. Significa reconocer que los pensamientos, las emociones y los hábitos no son conceptos abstractos: son impulsos eléctricos, químicos y energéticos que dejan huellas físicas.

Cada aprendizaje, cada práctica sostenida, cada experiencia emocional reconfigura nuestras redes neuronales. Cambiar no es una metáfora. Es una transformación física.

El libro no busca ofrecer un tratado técnico, sino revelar la relación íntima entre la ciencia y la experiencia: mostrar cómo los mecanismos del cerebro reflejan las historias que nos contamos y los modos en que hemos aprendido a sentir. Cada red neuronal contiene una historia, cada hábito emocional es una huella de supervivencia y cada nuevo pensamiento es una posibilidad de expansión.

Cuando comprendemos el funcionamiento de nuestro cerebro, dejamos de luchar contra él. Podemos entonces guiarlo, acompañarlo y, con práctica consciente, enseñarle a elegir nuevas rutas.

Entender la biología del cambio no nos separa de la espiritualidad: la sostiene, nos devuelve a la humildad de saber que lo que llamamos alma también tiene un sustrato tangible, un cuerpo eléctrico que responde a la intención.

En las siguientes páginas, exploraremos cómo se crean los hábitos, cómo las emociones modulan la percepción y de qué modo el cuerpo participa activamente en cada decisión mental.

Verás que el cambio no depende de la fuerza, sino del entendimiento; no del impulso, sino de la dirección.

Este conocimiento constituye el fundamento científico del Método Momentum, el punto donde la comprensión se convierte en dirección y la teoría en práctica viva.

"Entender el cerebro es aprender el idioma del alma encarnada".

-Rebeca Carey

CAPÍTULO I

El Cerebro Que Cambia

La Materia Que Aprende: Principios De Neuroplasticidad

El cerebro humano es una arquitectura viva: un tejido en movimiento que registra, interpreta y reorganiza, cada día, todo lo que atraviesa la experiencia.

Durante décadas se creyó que ese tejido, una vez maduro, quedaba prácticamente fijo. Que el aprendizaje consistía solo en ajustar pesos sinápticos y que la memoria era un archivo estático. La neurociencia contemporánea desmanteló esa idea. A partir de trabajos pioneros como los de Eric Kandel, se estableció que el aprendizaje deja una huella física en las conexiones sinápticas. Cuando un estímulo se repite, la comunicación entre neuronas se fortalece y se mantiene en el tiempo gracias a procesos de potenciación a largo plazo. Ese fenómeno (observado primero en modelos sencillos y luego corroborado ampliamente en mamíferos) es uno de los cimientos de la neuroplasticidad: la capacidad del sistema nervioso para modificar su estructura y su funcionamiento a la luz de la experiencia.

Esa plasticidad opera, a grandes rasgos, en dos planos que conviven: uno estructural y otro funcional. En el plano estructural, se observan cambios anatómicos medibles: aumento del número o la densidad de espinas dendríticas, variación en el calibre axonal, ajustes en la cantidad y sensibilidad de receptores postsinápticos, remodelación de redes locales. En el plano funcional, el cerebro reasigna tareas, redistribuye protagonismos y optimiza rutas: si una región pierde entrada sensorial o deja de entrenarse, otra puede asumir parte de su función; si un circuito se practica de manera consistente, su eficiencia temporal mejora (disminuye la latencia, aumenta la sincronía) y su participación en la conducta se vuelve más probable. Michael Merzenich y colaboradores demostraron que estas reorganizaciones no son patrimonio exclusivo del desarrollo infantil: también el cerebro adulto reconfigura sus mapas corticales cuando la experiencia lo exige.

El corazón de estos cambios es la sinapsis, ese punto de contacto donde la señal eléctrica se traduce en química y vuelve a convertirse en electricidad del otro lado. Allí, la repetición no es un capricho: es un instructivo biológico. Con cada activación coordinada, aumentan las probabilidades de liberación de neurotransmisores y se reclutan más receptores. Se incorporan proteínas que estabilizan la conexión y, a mediano plazo, se activan programas de expresión génica que consolidan la nueva arquitectura. Aprender, desde esta perspectiva, no significa "recordar datos", sino reconfigurar la microfísica del encuentro neuronal. Por eso, cuando una persona adquiere una habilidad —conducir, leer música, sostener una conversación difícil sin estallar— no solo "sabe" algo: ha tallado la materia que lo hace posible.

Para no perder de vista el rigor, conviene nombrar tres piezas esenciales: neuronas, glía y redes. Las neuronas procesan y transmiten señales; la glía —lejos de ser meros "soportes"— modula la homeostasis iónica, regula la disponibilidad de neurotransmisores, aporta mielina para acelerar la conducción y participa activamente en la poda sináptica; las redes emergen de la interacción de miles o millones de neuronas locales y de largo alcance y su dinámica decide qué percepción se vuelve figura, qué emoción gana el primer plano y qué acción se ejecuta. La plasticidad es el conjunto de reglas que coordinan a estos tres actores para que el sistema se mantenga estable sin dejar de ser cambiante.

Cuerpo Y Emoción: El Laboratorio Del Cambio

Ahora bien, el cerebro no cambia en el vacío. Cambia en el cuerpo y con el cuerpo. La visión de Antonio Damasio lo hace evidente: la mente no flota sobre la biología; emerge de la conversación entre cerebro, estado interno del organismo y entorno. Cada emoción —alegría, vergüenza, calma, ira— se acompaña de ajustes fisiológicos. Variaciones en frecuencia cardiaca, tono muscular, respiración, liberación hormonal. Esos ajustes retroalimentan la actividad de circuitos límbicos (amígdala, hipocampo) y ejecutivos (corteza prefrontal), de modo que lo que sentimos modula lo que aprendemos, y lo que aprendemos reconfigura lo que sentimos. Este bucle soma–cerebro no es un añadido poético: es un principio operativo. Sin emoción no hay jerarquía de relevancia, sin jerarquía no hay atención, sin atención no hay plasticidad eficaz.

Piensa en una experiencia cotidiana para anclar esta idea sin simplificarla. Una persona que practica diariamente una escala al piano no "repite por repetir": está incrementando la probabilidad de disparo coordinado entre neuronas motoras, sensoriales y de integración, está ajustando la precisión temporal de sus circuitos y, con ello, reduce el "ruido" en la señal. Si además toca con atención, no en piloto automático, y con una carga emocional positiva —curiosidad, disfrute, reto bien dosificado—, la dopamina y la acetilcolina facilitan la consolidación sináptica. Lo mismo vale para una conversación difícil que antes detonaba irritación: ensayar respiraciones previas, elegir palabras, tolerar el silencio, registrar el propio cuerpo y volver a responder desde la corteza prefrontal y no desde el impulso límbico es, literalmente, entrenar un circuito. Con el tiempo, la vía nueva se vuelve más accesible que la antigua. Eso es plasticidad aplicada a la vida: el arte de enseñar al cerebro un camino distinto.

Un punto crucial: la plasticidad no juzga. El sistema refuerza lo que se repite, sea útil o nocivo. Ann Graybiel mostró que, cuando una conducta se automatiza, la actividad de los ganglios basales cambia su patrón. El inicio y el final del comportamiento se marcan con picos de señal, mientras el 'medio' se ejecuta con supervisión mínima, así se economiza energía, pero se pierde flexibilidad. Si lo automatizado es un hábito funcional —levantarse y meditar, escribir, comer con atención—, el ahorro es virtuoso. Si lo automatizado es rumiación, evitación o reactividad, la economía tiene un costo, el ahorro mental puede volverse pérdida de conciencia. De ahí la importancia de la atención deliberada: observar qué se está fortaleciendo, interrumpir lo que ya no sirve y repetir con intención explícita, lo que inaugura una dirección distinta.

También conviene nombrar el componente energético del sistema. El cerebro es un órgano de altísimo consumo —en torno a una quinta parte del gasto metabólico basal— y su modo de operar es predictivo: anticipa patrones para ahorrar recursos. Por eso prefiere rutas conocidas, no porque 'le guste el pasado', sino porque esas rutas son baratas en términos de cálculo. Cambiar implica pagar un costo transitorio: incrementar el esfuerzo atencional para explorar alternativas, sostener la incomodidad inicial y repetir hasta que lo nuevo se vuelva eficiente. En el lenguaje técnico, al principio aumenta la demanda de control ejecutivo y disminuye gradualmente cuando el circuito alternativo se estabiliza. En el lenguaje humano, al comienzo 'cuesta', luego 'fluye'.

Nada de esto se trata de palabras llamativas sin sustancia; es un camino claro para avanzar. Quien comprende que su cerebro se reorganiza con lo que atiende, repite y siente —un proceso real de cambio neural basado en la experiencia— gana control sobre su vida: puede elegir qué practicar, cómo hacerlo y desde qué estado interior hacerlo.

La plasticidad no promete milagros; ofrece mecanismos. La práctica no pide fe; pide presencia. Lo que se ensaya con claridad, se vuelve posible.

"Cambiar no es forzar la mente, sino enseñarle una ruta mejor, las veces que haga falta".

-Rebeca Carey

Si observáramos una sinapsis al microscopio después de un aprendizaje reciente, veríamos un paisaje que cambia con rapidez. La terminal presináptica aumenta su número de vesículas con neurotransmisores, la densidad de receptores postsinápticos se modifica, y en los núcleos neuronales se activan genes inmediatos que codifican nuevas proteínas sinápticas. Esos cambios microestructurales son el corazón de la potenciación a largo plazo (LTP), el mecanismo descrito por Kandel y confirmado en múltiples especies. Su contraparte —la depresión a largo plazo (LTD)— debilita las conexiones que no se utilizan. Así, el cerebro mantiene un equilibrio dinámico: fortalece lo relevante, poda lo redundante.

La LTP es un proceso en el que, después de activarse repetidamente, las conexiones entre neuronas se vuelven más eficaces en transmitir señales. Una vez que estas sinapsis han sido 'entrenadas' por la actividad conjunta, responden con mayor eficiencia incluso ante estímulos más suaves que antes. Dicho de otro modo, es como si las rutas de comunicación del cerebro se fueran haciendo más claras y veloces con el uso frecuente, lo que facilita que la información se mueva con menos resistencia. A nivel molecular, este cambio implica que ciertas proteínas y estructuras en la superficie de las neuronas se reorganizan para captar señales de forma más efectiva, reforzando así la comunicación entre células. El resultado es un circuito cerebral más sensible a patrones anteriores —una especie de memoria física inscrita en la red neuronal— que contribuye a que el cerebro aprenda y retenga experiencias relevantes.

Para traducir esto, imagina que, al principio caminar por un sendero en un bosque es difícil porque apenas hay huella. Pero si varias personas caminan ese mismo lugar una y otra vez, la senda queda marcada, clara y fácil de transitar. De forma similar, cuando ciertas neuronas 'disparan' juntas con frecuencia, la ruta de conexión entre ellas se vuelve más fácil de recorrer para las señales eléctricas del cerebro. Por eso, cuando un pensamiento se repite, el cerebro no pregunta si es cierto: lo registra como familiar y lo familiar se vuelve preferente.

En este punto, la biología del aprendizaje y la psicología del cambio convergen. Donald Hebb lo formuló en 1949, en The Organization of Behavior: 'neuronas que disparan juntas se conectan juntas.' Esa ley hebbiana resume la lógica de la plasticidad y explica por qué la repetición consciente puede modificar patrones de pensamiento, emoción y conducta. Cada vez que reorientamos la atención —de la queja a la gratitud, del miedo a la exploración, del automatismo a la presencia—, un conjunto de neuronas dispara en un orden distinto. Si la nueva secuencia se mantiene, el cerebro registra esa dirección como la nueva norma.

El proceso requiere modulación neuroquímica. La dopamina actúa como marcador de novedad y de recompensa: cuando algo resulta interesante o placentero, este neurotransmisor refuerza las conexiones que acompañan la experiencia. La noradrenalina incrementa la alerta y prioriza la información relevante; la acetilcolina, liberada por el núcleo basal de Meynert, enfoca la atención y estabiliza el aprendizaje. Estas tres sustancias configuran lo que Merzenich llamó la química de la atención sostenida. Sin ellas, la práctica se diluye en repetición vacía.

La emoción, por su parte, no es un adorno subjetivo. Modula la liberación de estos neuromoduladores y, con ello, la eficacia de la plasticidad. Un aprendizaje teñido de curiosidad o esperanza tiene una firma neuroquímica distinta de uno acompañado por miedo o vergüenza. De ahí que el tono emocional del entorno —en la infancia, en la escuela, en el trabajo o en la vida interior— determine tanto la calidad como la velocidad del aprendizaje.

Pensemos en un ejemplo sencillo. Una persona intenta incorporar el hábito de meditar. La primera semana su mente se dispersa, siente frustración; la corteza prefrontal dorsolateral trabaja con esfuerzo, intentando mantener la atención. Con la práctica, disminuye la actividad de la red por defecto, la amígdala se regula, y aumenta la conectividad entre corteza prefrontal y cíngulo anterior. Lo que antes era lucha se vuelve estado. La neuroimagen lo confirma: la práctica continuada altera la materia gris.

Lo mismo ocurre en la rehabilitación motora después de un accidente cerebrovascular. Las neuronas adyacentes a la zona lesionada —gracias a la plasticidad funcional— asumen tareas del área dañada. Cada movimiento repetido, aunque mínimo, envía señales que despiertan redes dormidas. No hay magia; hay persistencia biológica.

Aprender, desaprender y reaprender son verbos del mismo idioma sináptico. Cuando un patrón deja de reforzarse, las conexiones que lo sostenían se debilitan; cuando una ruta nueva se ensaya con regularidad y emoción adecuada, se estabiliza. El cerebro escribe con la práctica y borra con la omisión.

"Los resultados nacen de la práctica, no de la intención".

-Rebeca Carey

Aprender no consiste solo en registrar información; consiste en otorgarle significado y este —desde el punto de vista cerebral— se esculpe con emoción. Cada recuerdo, incluso el más insignificante, está marcado por una huella emocional: una valoración positiva o negativa que asigna una pequeña estructura del cerebro especializada en procesar emociones. Esa valoración influye en cómo se organiza y se conserva el recuerdo en nuestra mente.

Antonio Damasio propuso que esa integración de emoción y cognición define lo que llamamos marcador somático: una señal corporal que anticipa las consecuencias de una acción antes de ejecutarla. En términos simples, el cuerpo recuerda lo que la mente todavía no nombra.

Cuando algo nos conmueve profundamente o nos percibimos

en peligro, una parte del cerebro activa un sistema de respuesta al estrés que pone en marcha una cadena entre el hipotálamo, la hipófisis y las glándulas suprarrenales, provocando la liberación de cortisol, la hormona del estrés. Esta hormona moviliza energía y prepara al cuerpo para reaccionar. Si la experiencia es breve y de intensidad moderada, ese aumento de cortisol puede favorecer la consolidación de la memoria, ayudando a fijar mejor lo vivido. Pero si la activación es prolongada y excesiva, el efecto es opuesto: el estrés sostenido puede interferir con la formación de nuevas neuronas en regiones clave como el hipocampo, reducir su volumen y debilitar las conexiones funcionales entre áreas cerebrales. En ese contexto, demasiado estrés puede deteriorar la memoria y otros procesos cognitivos.

En cambio, los estados emocionales regulados —curiosidad, calma, compasión— promueven la expresión de factores neurotróficos como el BDNF (Brain-Derived Neurotrophic Factor), esenciales para el crecimiento y la supervivencia neuronal.

Esto explica por qué el entorno emocional no es accesorio al aprendizaje: es su plataforma biológica. El cerebro necesita sentirse a salvo para abrirse a lo nuevo; la amenaza reduce la curiosidad, la curiosidad amplía la plasticidad. Por eso un aula, una relación o un proceso terapéutico son espacios de codificación neural: cada gesto, tono de voz o clima afectivo define qué redes se refuerzan y cuáles se apagan.

Imaginemos una situación concreta en la que dos niños aprenden a leer: el primero lo hace bajo la mirada paciente de un adulto que celebra cada avance; el segundo, bajo una voz que corrige con dureza. El niño que recibe apoyo positivo asocia la lectura con placer o exploración, su sistema de recompensa cerebral se activa, favoreciendo la atención y la consolidación de lo aprendido; en cambio, el niño que experimenta correcciones duras asocia la lectura con ansiedad o temor, activando respuestas emocionales de estrés que tienden a interferir con la atención y la memoria. Ambos aprendieron a leer, pero solo uno podrá disfrutarlo sin aversión; el otro, sin saberlo, también aprendió a temer al error y a anticipar tensión cada vez que abre un libro. Así se instala la doble cara de la plasticidad: la experiencia emocional en el aprendizaje puede construir tanto la expansión como la defensa en el cerebro.

La atención juega aquí el papel de un director de orquesta. Selecciona qué estímulos entran y cuáles se descartan; concentra recursos metabólicos y sincroniza la actividad de múltiples regiones.

El psicólogo Michael Posner demostró que la atención funciona en tres redes principales: la de alerta (noradrenérgica), la de orientación (colinérgica) y la ejecutiva (dopaminérgica y frontoparietal). Sin atención, la información sensorial se disipa. Con atención sostenida, la experiencia se transforma en memoria.

Pero la atención no es infinita. Daniel Kahneman describió su relación con el esfuerzo cognitivo: mantener el foco consume energía, y el cerebro busca minimizar ese gasto mediante la automatización. Así se consolidan los hábitos mentales.

Cada vez que resolvemos una tarea de modo predecible, liberamos recursos para otra cosa. el problema es que esa economía también fija los sesgos. Por eso cambiar requiere un acto consciente: redirigir la atención hacia lo que el cerebro daba por descontado.

El entrenamiento atencional —como la meditación o la observación consciente— no es una práctica etérea: tiene correlatos medibles.

Los estudios de Richard Davidson, Antoine Lutz y Tania Singer muestran que la práctica de mindfulness aumenta la conectividad entre la corteza prefrontal dorsolateral y la ínsula, regiones implicadas en la autorregulación emocional y la conciencia corporal.

Esa reorganización reduce la reactividad límbica y mejora la flexibilidad cognitiva. En términos simples, aprender a atender cambia la estructura que atiende. Lo interesante es que el cerebro no distingue entre atención externa o interna. Enfocar la mente en una respiración, en una imagen o en un pensamiento abstracto activa redes análogas de control y monitoreo, por eso el trabajo interior —reflexión, introspección, autoobservación— tiene un peso plástico tan real como el entrenamiento físico.

Cada acto de conciencia deja un registro neural. Si miramos todo esto en conjunto, comprendemos que la emoción colorea la experiencia, la atención la selecciona y la repetición la consolida. El aprendizaje es, por tanto, una trilogía biológica: sentir, enfocar y repetir, no basta con querer cambiar. Hay que experimentarlo, dirigir la atención hacia él y repetirlo hasta que el cerebro lo reconozca como familiar.

"Lo que la mente siente, el cuerpo lo guarda; lo que la atención sostiene, el cerebro lo transforma".

- Rebeca Carey

La plasticidad cerebral no es una metáfora del cambio; es su anatomía, cada experiencia que vivimos deja un registro medible: se alteran las sinapsis, se ajusta la liberación de neurotransmisores, cambia la eficiencia de las redes que gobiernan la percepción y la conducta.

El yo, desde la neurociencia, no es una entidad fija, sino una configuración dinámica de conexiones que se actualiza con cada acto de conciencia. Esta comprensión transforma la manera de mirarnos. Ya no somos víctimas de nuestra historia neuronal, sino sus artesanos; cada pensamiento sostenido, cada emoción cultivada y cada acción repetida son elecciones biológicas.

El cambio interior no depende de inspiración repentina, sino de disciplina consciente; depende del modo en que enfocamos la atención y del tono emocional que la sostiene.

La biología confirma lo que la sabiduría antigua intuía: la mente se convierte en aquello que contempla. La neuroplasticidad tiene, sin embargo, una paradoja: lo que nos da libertad también puede aprisionarnos; el cerebro no distingue entre hábitos de plenitud y hábitos de sufrimiento; solo fortalece los circuitos que usamos con frecuencia.

Una persona que alimenta el resentimiento o repasa cada día las mismas quejas o miedos está reforzando rutas sinápticas del pasado del mismo modo que quien entrena una habilidad nueva. La diferencia no es técnica: es intencional. El cerebro se moldea igual, pero el resultado no se parece, por eso, el cambio consciente requiere algo más que repetición: requiere dirección.

La atención sin propósito se dispersa; la intención sin práctica se diluye. El proceso de transformación se sostiene en el punto de encuentro entre ambas: atención enfocada y repetición emocionalmente coherente, ahí es donde el cambio deja de ser posibilidad y se vuelve estructura.

Imaginemos el proceso en una escala cotidiana. Una persona decide dejar de reaccionar con ira ante la crítica. Cada vez que siente la tensión subir, respira, observa la sensación y responde desde otro lugar: desde la conciencia.

El primer día la amígdala domina, la corteza prefrontal apenas logra intervenir, el segundo día, la pausa llega un momento antes; el tercero, la emoción se modula con menor intensidad, a la décima repetición, las neuronas que representan esa nueva respuesta comienzan a coordinarse con mayor eficiencia; después de varias semanas, la reacción impulsiva ya no aparece con la misma fuerza. El cerebro ha aprendido otra forma de estar en el mundo.

Así se transforma un estado mental en un rasgo de personalidad. Nada de esto sucede por azar. Cada acto consciente entrena una red; cada emoción alineada con esa intención libera los neurotransmisores adecuados para consolidarla.

El Método Momentum surge de este principio: la coherencia sostenida entre comprensión, emoción y acción genera dirección biológica. Cuando mente, cuerpo y emoción apuntan al mismo objetivo, la energía del sistema se organiza.

El cambio deja de ser esfuerzo y se convierte en flujo, comprender la neuroplasticidad nos devuelve una forma de humildad activa: el reconocimiento de que la mente humana es perfectible, pero exige cuidado, no se trata de manipular el cerebro, sino de acompañarlo.

El aprendizaje no ocurre a golpes, sino a ritmo. El cerebro necesita repetición, pero también descanso. Necesita desafío, pero también seguridad. Y necesita propósito, pero también curiosidad.

La transformación es, en esencia, un equilibrio entre tensión creativa y reposo integrador. La ciencia lo confirma: el cambio sostenido ocurre cuando la práctica repetida se asocia a una emoción positiva y significativa.

Por eso, los métodos que combinan comprensión cognitiva, implicación corporal y sentido vital —como lo hace el Método Momentum— resultan eficaces. No transforman al ser humano desde la exigencia, sino desde la coherencia. El cerebro que cambia no solo aprende: recuerda su propia capacidad de transformarse, esa memoria del cambio es la base de toda libertad interior.

"La transformación verdadera comienza cuando la biología se alinea con la conciencia".

-Rebeca Carey

CAPÍTULO II

El Circuito Del Hábito

La Arquitectura Automática: Cómo Se Forma Un Hábito

Todo hábito nace en el territorio de la atención. Cada repetición es como el golpe de un cincel sobre la piedra blanda de la mente. Al principio, el gesto apenas deja huella; pero con el tiempo, la forma se vuelve visible. Así se esculpen los hábitos: obras silenciosas que terminan habitando el cuerpo como si siempre hubieran existido

Cada vez que el ser humano ejecuta una acción nueva —levantarse más temprano, practicar la respiración o revisar el teléfono—, se activa la corteza prefrontal dorsolateral, responsable de la planificación, el control ejecutivo y la toma de decisiones.

En esta fase inicial, el comportamiento es deliberado y exige esfuerzo: el cerebro evalúa alternativas, anticipa resultados, calcula riesgos. Sin embargo, el sistema nervioso está diseñado para preservar energía, no para gastar de más. Cuando una conducta se repite bajo condiciones similares, el cerebro busca automatizarla: transfiere el control desde la conciencia hacia estructuras más profundas encargadas de la ejecución rápida y económica. Esa transición marca el paso del aprendizaje declarativo al aprendizaje procedimental, mediado por los ganglios basales, y en particular por el núcleo estriado, región que actúa como depósito de secuencias motoras y cognitivas.

La neurocientífica Ann Graybiel (MIT) demostró que, durante este proceso, las neuronas del estriado adoptan un patrón característico de activación: una ráfaga al inicio de la secuencia, un silencio intermedio y un nuevo pico al final. Ese registro eléctrico, conocido como firma neuronal del hábito, revela que el cerebro enciende la rutina, la deja correr en modo automático y la apaga al concluirla.

Lo que en un principio requería atención consciente se convierte, con el tiempo, en una unidad de acción compacta, un bloque conductual que ya no necesita supervisión. Este fenómeno, denominado chunking conductual, constituye el mecanismo esencial de la automatización.

Desde el punto de vista adaptativo, esta operación es una proeza de eficiencia. El cerebro libera espacio cognitivo para destinar recursos a tareas más complejas, mientras las conductas automatizadas sostienen la base funcional de la vida diaria.

No obstante, la misma eficiencia que sostiene el aprendizaje puede convertirse en prisión. El cerebro no distingue moralmente aquello que automatiza: fija con igual empeño el hábito que nutre y el que destruye.

Para el sistema nervioso, la repetición es el único marcador de relevancia. Todo lo que se repite adquiere prioridad en el mapa sináptico y se consolida como una ruta preferente de acción.

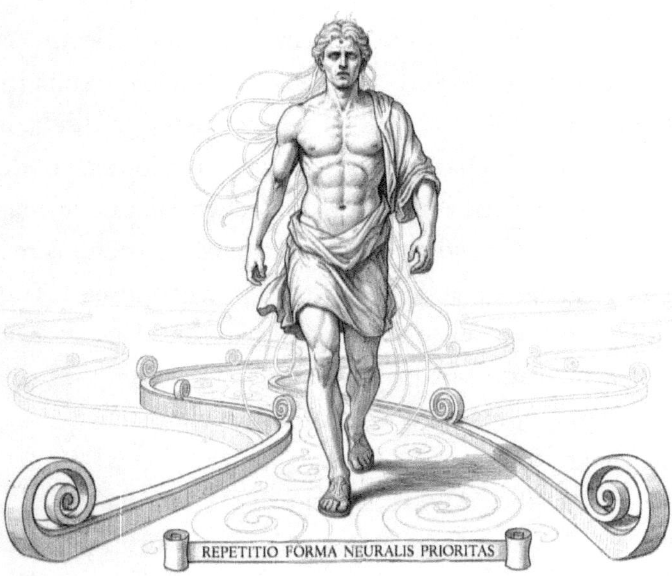

En esta economía silenciosa interviene la dopamina, neurotransmisor vinculado con la motivación y la predicción de recompensa. A diferencia de lo que suele creerse, la dopamina no se libera al alcanzar el placer, sino cuando el cerebro anticipa que algo familiar está por suceder. Esa descarga anticipatoria es la chispa que mantiene vivo el bucle.

No repetimos porque algo nos guste; repetimos porque el cuerpo espera sentirse igual que antes. Cada hábito funciona como un eco químico. El cerebro no busca el sonido original, sino la resonancia que reconoce. Mientras esa vibración le resulte familiar, la seguirá llamando placer. Por eso incluso las conductas que generan malestar —encender un cigarrillo ante la ansiedad, revisar compulsivamente el teléfono o postergar una tarea— se perpetúan con obstinación.

Lo familiar ofrece certidumbre, y el cerebro confunde la certidumbre con seguridad. Desde esta perspectiva, el hábito no es un defecto del carácter, sino un producto de la homeostasis neuronal. La mente busca equilibrio y economía; cuando un circuito se estabiliza, el cerebro lo defiende como si se tratara de un refugio. Aprender algo nuevo implica desestabilizar lo conocido, y la incertidumbre demanda energía. Por eso la repetición se convierte en una forma de autoprotección biológica: una muralla invisible frente al caos del cambio.

Imagina que aprendes a conducir un automóvil. Al principio, cada movimiento exige atención consciente: coordinar los pies, girar el volante, medir la velocidad, anticipar el entorno. Todo se siente torpe, fragmentado, demandante. Con la repetición constante, algo se reorganiza: el cuerpo responde sin pensar, las manos actúan solas y la conducción se vuelve fluida. Ya no decides cada gesto; simplemente sucede. Así operan los ganglios basales, guardianes de nuestras rutas internas. Cada repetición consolida una secuencia automática, con el tiempo esa secuencia se vuelve la forma habitual de conducir. Introducir un cambio implica aceptar la incomodidad del reaprendizaje y sostener una nueva manera de responder hasta que esa variación empiece, poco a poco, a dejar su propia marca.

El esfuerzo inicial es grande, pero cada paso traza una senda alternativa. El hábito es, en esencia, una huella topográfica del comportamiento, un relieve neuronal que indica al sistema por dónde volver a casa y como toda geografía viva, puede transformarse con nuevos recorridos. Lo que se grabó puede reescribirse, y lo que se repite con presencia puede redefinir la dirección entera de la mente.

La neuroplasticidad —la capacidad del sistema nervioso para modificar su estructura mediante experiencia y práctica— no se extingue con la edad. Los estudios de Michael Merzenich, Eric Kandel y Norman Doidge demostraron que incluso los hábitos más antiguos pueden reconfigurarse mediante atención sostenida y repetición consciente.

Cada vez que una persona interrumpe su automatismo y elige una respuesta distinta, abre una nueva vía de activación neuronal.

Al principio, ese sendero es débil, casi imperceptible; pero si la acción se repite, las sinapsis asociadas se fortalecen y el nuevo camino se vuelve transitable.

Partiendo de un enfoque neurocientífico, cambiar un hábito no significa borrar un circuito, sino crear uno nuevo más fuerte y coherente que el anterior; desde la conciencia humana, significa recordar que la mente puede reeducar la forma en que se repite a sí misma. Cada acto intencional, cada elección sostenida, cada gesto repetido con presencia, es un trazo que reescribe el mapa invisible de la identidad.

La repetición consciente actúa como una raíz: invisible en la superficie, pero insistente bajo tierra. Cada gesto, aunque parezca mínimo, se adentra un poco más en la mente hasta encontrar suelo firme. Lo que se repite con presencia no encadena: sostiene.

El hábito, por tanto, no es una condena: es una estructura viva que puede volverse aliada. Si el cerebro automatiza aquello que repites con emoción, repite tu calma, repite tu claridad, repite tu verdad. Porque el hábito no es el enemigo del cambio: es su laboratorio más fiel.

"Nada esclaviza más que vivir en lo inconsciente, y nada libera tanto como volver a elegir lo que antes operaba en automático."

-Rebeca Carey

Chunking Conductual Y Ahorro Energético

El cerebro es un administrador implacable de recursos. Aunque representa apenas una fracción del peso corporal, sostiene un consumo energético desproporcionado. Cada acto de atención, cada evaluación de alternativas, cada inhibición de un impulso tiene un costo metabólico que el sistema intenta reducir. Por eso, cuando detecta regularidad en la experiencia, pone en marcha un mecanismo de optimización: agrupar lo que se repite para ejecutarlo con menos esfuerzo.

Ese mecanismo se conoce como chunking conductual. En términos neurobiológicos, la secuencia inicialmente descompuesta en múltiples microdecisiones —percibir, evaluar, elegir, ejecutar— se encapsula en una sola unidad operativa que puede iniciarse y completarse con mínima supervisión consciente. La neurofisiología sitúa este proceso en los bucles cortico–estriado–tálamo–corticales, donde la corteza envía patrones a los ganglios basales, estos ajustan la ganancia de la señal y, a través del tálamo, devuelven a la corteza el "permiso" de ejecución. Dentro de este sistema, el estriado dorsolateral adquiere protagonismo cuando la conducta se hace habitual, mientras que el estriado dorsomedial participa con mayor fuerza cuando predomina el control deliberado orientado a metas.

Durante la adquisición del hábito, se observan patrones de activación "enmarcadores" en el estriado: un pico al inicio que abre la secuencia y otro al final que la cierra, con relativa atenuación en el tramo intermedio. Este "bracketing" neuronal sugiere que el cerebro establece límites para la rutina: una vez encendida, la deja correr en modo económico hasta su término. En paralelo, regiones prefrontales que al comienzo estaban muy implicadas —corteza prefrontal dorsolateral, corteza cingulada anterior— reducen su demanda cuando la ruta ya no requiere deliberación. El control se traslada de la supervisión consciente a la automatización estriatal.

El ahorro energético no es un dato accesorio; es el corazón adaptativo del hábito. La red atencional ejecutiva consume recursos, y el cerebro aplica una regla práctica: si una secuencia produce resultados previsibles, la convierte en procedimiento. Así libera a la corteza para tareas de mayor complejidad simbólica mientras delega en circuitos subcorticales lo repetitivo. Esta economía explica por qué podemos conducir manteniendo una conversación o atarnos los cordones mientras pensamos en otra cosa. También explica por qué deshacer un hábito exige, al menos al principio, una inyección extra de energía consciente.

El chunking no es exclusivo de lo motor. Las respuestas emocionales y cognitivas también se agrupan. Si ante la crítica suelo contraer el cuerpo, callar y sentir culpa, esa tríada termina funcionando como un solo bloque. Ante la mínima señal de amenaza social, el sistema lanza el chunk completo: postura, silencio, autoinculpación. No respondo al matiz del presente, sino a la plantilla asociativa que el pasado consolidó. Ahí se cruzan dos procesos: por un lado, la plasticidad hebbiana —"lo que se activa junto, se conecta"—; por otro, la predicción dopaminérgica que asigna valor a lo esperable. La dopamina no premia solamente el placer; codifica error de predicción y anticipación. Si el desenlace coincide con lo previsto, el circuito se refuerza; si difiere, surge una oportunidad de ajuste. El hábito se mantiene porque minimiza sorpresas: el cerebro prefiere gastar menos, aunque eso implique repetir lo que ya no nos sirve.

En términos de control de la acción, la literatura distingue entre conductas guiadas por metas (flexibles, sensibles a las consecuencias) y conductas habituales (rígidas, insensibles a cambios en el valor del resultado). La transición entre ambos modos se observa cuando, aun reduciéndose la recompensa o aumentando el costo, la persona sigue ejecutando la rutina. Ese es el sello del chunk: la persistencia. No obedece a una evaluación fresca, sino a un automatismo aprendido que "gana la subasta" de la conducta por pura economía.

¿Cómo se consolida esa economía? Con repetición espaciada, consistencia de contexto y, con frecuencia, con estado afectivo parecido. Cuando repito la misma secuencia en condiciones similares, el cerebro aprende no solo la acción, sino el escenario que la evoca: lugar, hora, olor, postura corporal, incluso el clima emocional. Esos elementos funcionan como señales de arranque del chunk. Por eso cambiar el contexto —ruta, horarios, entorno sensorial— es una palanca poderosa para desencapsular una rutina: si la señal no aparece tal cual, el paquete no se dispara con la misma inercia.

Hay además un componente de vías dopaminérgicas que modula la selección de acciones: la señal en el circuito directo (receptores D1) tiende a facilitar la ejecución de patrones, mientras que el circuito indirecto (receptores D2) tiende a inhibir alternativas. Con el entrenamiento, se refuerzan las sinapsis que facilitan el patrón dominante y se debilitan las que sostienen rutas poco usadas. A esto se suma la temporización sináptica: cuando la secuencia se repite con un orden y un ritmo similares, la potenciación a largo plazo (LTP) y el aprendizaje dependiente del intervalo de disparo (STDP) afinan la coreografía microscópica del hábito.

Esta mirada puede dar la impresión de rigidez, pero el mismo sistema que encapsula secuencias permite intervenirlas. Existen tres entradas prácticas, coherentes con la neurobiología del chunking:

1. Intervenir la señal de arranque: alterar el contexto (lugares, rutas, horarios, dispositivos), introducir fricción (pequeños obstáculos) o generar señales nuevas que compitan. Al cambiar la primera pieza, el paquete completo pierde su "clic" automático.
2. Insertar una pausa en el medio: abrir una microinterrupción dentro del chunk para romper el silencio intermedio del estriado. Un gesto breve —respirar, mover el cuerpo, cambiar de postura, nombrar la emoción— reintroduce corteza prefrontal en una secuencia que iba sola. Es un "rescate atencional".
3. Redefinir el cierre: modificar la recompensa al final. Si el sistema esperaba alivio o gratificación y encuentra otra forma de alivio saludable (contacto, movimiento, agua, respiración) asociada a la nueva secuencia, la predicción dopaminérgica comienza a cambiar. Con repetición, la nueva "melodía" gana valor y el cerebro aprende a preferirla.

Una imagen sencilla ayuda aquí: al principio, una rutina es como tocar una pieza leyendo nota por nota; luego, el cuerpo la ejecuta de memoria muscular. Para aprender otra, hay que volver a mirar el pentagrama, aceptar cierta desafinación y practicar lentamente hasta que los dedos encuentren su nuevo orden. No es falta de voluntad: es reeducación del sistema motor, emocional y cognitivo bajo reglas de plasticidad que requieren tiempo, repetición y amabilidad.

El chunking es, en síntesis, la manera en que el cerebro ahorra para vivir; la conciencia es la manera en que elegimos invertir para evolucionar. Comprenderlo no es un dato más: es una llave práctica. Nos recuerda que lo aparentemente "inevitable" del hábito es, en realidad, eficiencia aprendida. Y que toda eficiencia puede redirigirse cuando la atención abre la secuencia, la pausa la interrumpe y una nueva recompensa la cierra.

Ejemplo aplicado: La postergación como hábito

Hay tardes en las que te sientas frente a una tarea sencilla y, aun así, no logras comenzar. No es falta de capacidad ni desconocimiento: es algo más discreto, casi invisible. Miras el documento abierto, la hoja en blanco, el pendiente que lleva días esperando, y en lugar de avanzar, tu atención busca cualquier desvío mínimo: ordenar algo del escritorio, revisar un mensaje, abrir una pestaña que no necesitas.

Lo haces sin intención de evitar la tarea; lo haces porque el impulso aparece antes que tu decisión. En unos minutos, ya estás ocupada en acciones que no importan, pero que te dan una sensación momentánea de alivio. No es satisfacción, es solo la suspensión temporal de lo que todavía no quieres enfrentar. La tarea sigue ahí, intacta, como si el tiempo que pasa a su alrededor no la tocara.

Mientras pospones, notas una tensión difusa que no proviene del trabajo pendiente, sino del acto mismo de evitarlo. Es una incomodidad suave, una especie de desalineación interna que tiñe el resto del día. No se convierte en conflicto abierto, pero tampoco desaparece: permanece como un recordatorio silencioso de algo que eliges no mirar de frente.

La postergación no llega como una decisión consciente; llega como un hábito que toma forma antes de que puedas distinguirlo. Es un patrón antiguo, preciso y eficiente, que te ofrece una salida rápida a costa de dejar intacta la incomodidad original. Al final, no avanzaste ni descansaste: solo recorriste un ciclo que parece repetirse con demasiada facilidad, como si tu sistema hubiera aprendido a preferir cualquier acción que te mantenga lejos del primer paso.

Neuropráctica: Reconocer el circuito

Cuando notes que repites una acción sin pensarlo —encender el teléfono, cruzar los brazos, suspirar antes de responder—, detente un instante y observa el hilo invisible que une esos movimientos. No trates de cambiarlos aún: solo míralos. Ese gesto de observación ya es un acto neuroplástico.

Al introducir presencia en la secuencia automática, la corteza prefrontal se activa y el circuito deja de ser opaco. Cada pausa que insertas entre el impulso y la acción es una nueva conexión neuronal que se forma en silencio.

Ahí comienza el cambio: en el instante en que el cuerpo recuerda que puede elegir.

"El cerebro simplifica para sobrevivir; la conciencia complica para evolucionar".

-Rebeca Carey

Como Intervenir En El Bucle Estímulo–Respuesta

El cuerpo suele actuar antes de que la mente comprenda. Esta asimetría temporal no es un defecto: es el modo en que el sistema nervioso prioriza la supervivencia. Ante cualquier suceso, la información sensorial llega al tálamo, que la distribuye por dos rutas: una vía rápida hacia la amígdala, capaz de emitir juicios gruesos de valencia ("amenaza / no amenaza") en milisegundos, y una vía más lenta hacia las cortezas sensoriales y prefrontales, donde el estímulo se contextualiza y se dota de significado. Cuando la amígdala detecta peligro, activa de inmediato el hipotálamo y el tronco encefálico, movilizando al sistema nervioso autónomo y al eje HHA (hipotálamo–hipófisis–adrenales): el corazón acelera, la respiración cambia, el músculo se tensa, la atención se estrecha. Para cuando la corteza prefrontal "llega a escena", el organismo ya ha comenzado a responder.

Ese encadenamiento origina lo que llamamos bucle estímulo–respuesta: un circuito funcional en el que un estímulo externo o interno activa una evaluación emocional y ésta precipita una conducta que, a su vez, produce una sensación de alivio o recompensa. Con la repetición, el bucle se hace más eficiente y rápido.

El cerebro aprende la secuencia y reduce el cálculo: reconoce la señal, anticipa el desenlace y ejecuta la acción casi sin mediación consciente. Desde el punto de vista adaptativo, este aprendizaje es ventajoso; desde el punto de vista de la libertad interior, puede convertirse en una inercia. Cada emoción condicionada tiene su disparador invisible: un gesto, una entonación, un silencio. El cuerpo lo reconoce antes que la mente, como si una puerta interna se abriera sola ante una llave antigua. Así opera la memoria emocional: no consulta la razón, consulta la sensación.

La base de ese aprendizaje reside en dos grandes familias de procesos: el condicionamiento pavloviano (clásico) y el condicionamiento instrumental (operante). En el primero, el sistema asocia señales con resultados: un tono con alimento, una mirada con crítica, un olor con calma. En el segundo, asocia acciones con consecuencias: hablar para evitar el conflicto, callar para obtener aprobación, revisar el teléfono para aliviar la ansiedad. En ambos casos interviene la dopamina, no como "sustancia del placer" a secas, sino como marcador de predicción y error de predicción: si lo que ocurre coincide con lo esperado, el circuito se refuerza; si difiere, se abre una ventana para aprender algo nuevo. Por eso los bucles que "funcionan" —esto es, que alivian o gratifican— tienden a repetirse y consolidarse.

Neuroanatómicamente, estos aprendizajes se organizan en bucles cortico–estriado–tálamo–corticales. Las cortezas (sensoriales, prefrontales, cinguladas) envían planes y expectativas al estriado (dorsomedial y dorsolateral). A través del globo pálido y el tálamo, el circuito devuelve una señal de liberación o inhibición de la acción. En fases iniciales, cuando la conducta es guiada por metas, predomina el estriado dorsomedial y la corteza prefrontal ejerce mayor control: el sistema es sensible al valor actual de la consecuencia. Con la repetición en contextos estables, el control migra hacia el estriado dorsolateral: emerge la respuesta habitual, menos sensible a cambios en la recompensa y más gobernada por la señal. Es la transición de la evaluación a la automatización.

La ínsula y la corteza cingulada anterior añaden una dimensión crucial: el registro interoceptivo de las sensaciones internas (latido, respiración, tensión) y la monitorización del conflicto. La emoción no es un accesorio; es el sistema de ponderación que le dice al cerebro qué importa. Sin esa señal, la atención no prioriza, y sin prioridad no hay aprendizaje eficaz. De ahí el peso del llamado marcador somático: con el tiempo, el cuerpo aprende a anticipar cómo se sentirá un desenlace y utiliza esa anticipación para sesgar la decisión. Cuando el marcador es de amenaza, el bucle se cierra mucho antes de que la razón pueda matizarlo.

Además de la arquitectura, importan los tiempos. La amígdala opera en decenas de milisegundos; la modulación prefrontal (en especial desde la corteza prefrontal ventromedial y dorsolateral) requiere cientos de milisegundos o algunos segundos. En condiciones de estrés, esa ventana se estrecha: aumenta la noradrenalina, se prioriza la ruta rápida y la conducta se vuelve más reactiva. En condiciones de seguridad (fisiológica y relacional), el sistema parasimpático ventral —el "freno vagal"— permite que la corteza intervenga con más eficacia: la respiración se regula, el campo atencional se abre y la evaluación gana tiempo. La libertad psicológica, vista desde la biología, es en gran medida una cuestión de milisegundos ganados para poder elegir.

Otro componente central es la codificación predictiva. El cerebro no "lee" el mundo de forma pasiva: predice lo que verá, oirá y sentirá, y contrasta la predicción con la señal real. Si el error es pequeño, mantiene el modelo; si es grande y sostenido, actualiza la representación. Los bucles estímulo–respuestas persistentes reducen el error porque reducen la novedad: el sistema solo busca evidencias que confirmen su expectativa. Por eso, sin intervención consciente, tendemos a ver lo que esperamos ver y a sentir lo que estamos habituados a sentir. El sesgo no es una falla moral; es una economía del cálculo. Pero esa economía tiene un costo: empobrece el presente.

En términos de valoración, los bucles pueden ser de acercamiento o evitación. Los primeros se organizan alrededor de la búsqueda de una recompensa; los segundos, alrededor del alivio de una incomodidad. En la vida cotidiana, muchos automatismos no persisten porque "dan placer", sino porque quitan malestar. Es la lógica del alivio: ante el estímulo que anticipa esfuerzo, rechazo o incertidumbre, el sistema busca una salida rápida —distracción, justificación, control— que restaura la sensación de estabilidad.

La reacción automática funciona como una válvula de alivio: abre un instante de escape y deja salir la presión. Pero cuando el alivio se vuelve nuestro único recurso, el gesto deja de protegernos y comienza a gobernarnos. Así se entrena la postergación, la rumiación, la reactividad, el perfeccionismo defensivo.

Para comprender el anclaje de estos circuitos conviene observar el papel del contexto. El cerebro no aprende solo "acciones": aprende escenarios. Hora del día, lugar, personas, posturas, temperatura, hasta el tono interno con que nos hablamos, todo puede convertirse en señal de arranque del bucle. Cuanto más consistente es el contexto, más fácil es que la respuesta se vuelva automática. De ahí que la intervención no pueda limitarse a la voluntad: modificar señales contextuales es, muchas veces, la forma más eficiente de abrir el circuito a una reevaluación.

Hay, por último, una dimensión de metacontrol. La corteza prefrontal no solo inhibe impulsos; también reencuadra significados. Cuando reinterpretamos un estímulo ("no es ataque, es feedback"; "no es fracaso, es aprendizaje"), cambiamos la valencia emocional asociada y, con ella, la política de respuesta del sistema. Este reencuadre no borra la reacción inicial —esa seguirá intentando dispararse—, pero introduce competencia en la selección: al lado del camino viejo, aparece un camino alternativo que, con repetición, puede volverse preferente.

Resumiendo: el bucle estímulo–respuesta es un atajo neurobiológico que nos hizo eficientes, pero que puede alejarnos de la elección consciente. Nace de la combinación entre rutas rápidas de supervivencia, aprendizaje asociativo, predicción dopaminérgica y economía del contexto. Se refuerza con la repetición que alivia, se protege con la familiaridad y se acelera con el estrés. Se modula —que no significa "apagar" sino ordenar— cuando recuperamos milisegundos para pensar, abrimos el foco para sentir con precisión y ofrecemos al sistema una narrativa distinta para clasificar lo que sucede.

Entre el impulso y la decisión existe un umbral. No se ve, pero se siente: es ese instante suspendido en que el cuerpo quiere actuar y la conciencia aún puede elegir. Habitar ese umbral es el comienzo de toda libertad. Ahí comienza la posibilidad del cambio: en ensanchar el intervalo entre la señal y el acto, hasta que la respuesta deje de ser un reflejo del pasado y se convierta en una elección del presente.

Ejemplo aplicado: El reflejo de defensa

Layla conversa con alguien cercano cuando, sin esperarlo, una frase ambigua la toca en un punto sensible. No es un ataque directo, pero su cuerpo reacciona como si lo fuera. Siente un leve endurecimiento en la mandíbula, un repliegue sutil en el pecho, una especie de alerta que se enciende antes de que pueda interpretar el sentido real de lo que escuchó. No decide reaccionar: la reacción ocurre sola.

La mente se adelanta unos centímetros y empieza a construir significados apresurados. Una parte de ella sabe que quizá no hubo intención de herir, pero el sistema ya activó la lógica de defensa. Las palabras de la otra persona continúan, pero Layla ya no las escucha completas; solo fragmentos que su atención selecciona bajo el filtro de la susceptibilidad. No es enojo, tampoco miedo abierto: es ese estado intermedio donde el cuerpo asume que algo debe protegerse.

Mientras la conversación sigue, nota que su postura se hace más rígida. No la modifica a propósito; es simplemente la forma en que su fisiología responde a un posible riesgo. El pensamiento se estrecha y la respiración se vuelve corta, como si todo el organismo estuviera intentando reducir vulnerabilidad sin pedir su consentimiento. Desde afuera, nadie lo notaría, pero por dentro algo ya se contrajo.

En esa escena, lo que ocurre no es un conflicto visible, sino un patrón antiguo: el mecanismo automático que se activa cada vez que una parte de su historia se siente insinuada. Es un reflejo que organiza la conversación desde dentro, aun cuando ella habría querido escuchar de otra forma. Nada termina mal, pero la distancia que aparece entre lo que pasa afuera y lo que su sistema interpreta deja claro que el cuerpo, muchas veces, responde primero y pregunta después.

Neuropráctica: Redirigir la respuesta

La próxima vez que algo despierte una reacción inmediata —una voz elevada, un silencio inesperado, una mirada que interpretas como juicio— no corras a responder.

Siente primero cómo el cuerpo se prepara: el pecho que se contrae, el calor en el cuello, el pensamiento que acelera. No intentes calmarlo; obsérvalo. Ese instante de observación ya interrumpe el circuito.

Reconoce el disparador invisible que acaba de encender la secuencia. Nómbralo en silencio, como quien enciende una luz en una habitación oscura. La luz no cambia los objetos, pero permite verlos. Así, cuando nombras tu reacción, la conciencia entra donde antes solo había reflejo. Luego, lleva la atención a la respiración. No para relajarte, sino para crear espacio. Cada exhalación abre el umbral del espacio interior, ese breve intervalo donde el impulso pierde urgencia y la elección se vuelve posible. En ese margen, el sistema nervioso se reorganiza: la amígdala desciende, la corteza prefrontal se activa, y el cuerpo recuerda que no todo estímulo exige defensa.

Permanece unos segundos ahí, sin huir del pulso ni forzar la calma. Solo habita la frontera entre lo que sientes y lo que decides.

Esa es la práctica: aprender a quedarte en medio, donde la conciencia puede elegir una nueva respuesta antes de que el hábito hable por ti.

"Muchas veces, lo que se interpreta como personalidad es solo un hábito emocional que no ha terminado de madurar".

-Rebeca Carey

Recompensa Y Refuerzo: La Economía Del Placer

El cerebro no busca felicidad: busca estabilidad. Su meta no es el placer en sí, sino el equilibrio dinámico que le permite sobrevivir con el menor gasto energético posible. Por eso, la motivación —esa corriente invisible que orienta cada decisión— surge de un cálculo inconsciente entre previsión, valor y esfuerzo.

El sistema nervioso compara constantemente lo que espera obtener con el costo que anticipa pagar. En ese balance silencioso, el placer actúa como señal de éxito biológico: le indica al organismo que su conducta está alineada con la preservación de la vida.

Detrás de esa aparente simplicidad se encuentra una de las arquitecturas más complejas del cerebro humano: el sistema de recompensa. Este circuito, que ha permanecido prácticamente inalterado desde los mamíferos primitivos, articula regiones subcorticales y corticales que evalúan el valor emocional de cada experiencia. Su núcleo funcional se extiende desde el área tegmental ventral (VTA) —fuente principal de dopamina— hasta el núcleo accumbens, el estriado ventral, la amígdala, el hipocampo y las áreas prefrontales orbitomediales.

Cada una de estas regiones participa en una función distinta: unas otorgan valor emocional a la experiencia, otras registran el contexto, algunas anticipan la recompensa y otras permiten decidir si vale la pena alcanzarla. Juntas componen una red que traduce la información sensorial en motivación y conducta. En otras palabras:

percibimos, valoramos, actuamos y lo hacemos porque el cerebro, en su lenguaje bioeléctrico, nos dice que vale la pena hacerlo.

Durante décadas, se pensó que este sistema era el responsable del placer en sí mismo. Hoy sabemos que su función no es generar goce, sino anticiparlo.

La dopamina —principal neurotransmisor del circuito— no actúa cuando experimentamos el placer, sino cuando prevemos que algo placentero podría suceder. El sistema no premia la satisfacción; premia la expectativa. Lo que realmente nos impulsa no es el disfrute, sino su promesa, por eso, más que una sustancia del placer es una molécula de dirección: la brújula del deseo, que orienta el movimiento sin garantizar el destino. Mientras apunta hacia lo que promete gratificación, mantiene al organismo en marcha; pero si la aguja se desajusta, la orientación se convierte en extravío.

Las investigaciones de Wolfram Schultz y Kent Berridge demostraron que las neuronas dopaminérgicas disparan en función del error de predicción de recompensa (reward prediction error). Cuando el resultado supera la expectativa, la dopamina aumenta, señalando aprendizaje positivo. Cuando el resultado es inferior, la liberación disminuye, marcando decepción y cuando se cumple lo esperado, la señal se estabiliza. El cerebro aprende de esa comparación entre lo anticipado y lo ocurrido, ajustando su comportamiento para minimizar la sorpresa. Esa es su ley de eficiencia: reducir la incertidumbre. En consecuencia, las conductas que producen recompensas confiables se repiten, y las que generan resultados inciertos se evitan o modifican.

Con el tiempo, la dopamina deja de responder a la recompensa final y se asocia a las señales que la preceden. El aroma del café se vuelve más excitante que su sabor; la notificación del teléfono, más estimulante que el mensaje; la mirada del otro, más gratificante que su contacto real. La señal reemplaza a la experiencia y cuando eso ocurre, el sistema de recompensa deja de servir al bienestar y empieza a servirse a sí mismo: busca activarse, no completarse. Ahí nace el bucle del deseo inagotable. Como un fuego que, en lugar de calentar, empieza a quemar su propia leña, el sistema sigue ardiendo aun cuando ya no hay propósito que lo sostenga.

En términos evolutivos, este mecanismo tuvo un propósito claro: mantenernos en movimiento. El placer inmediato aseguraba supervivencia —comer, reproducirse, vincularse—; la anticipación, en cambio, aseguraba continuidad (seguir buscando, seguir aprendiendo, seguir explorando). Pero en la mente contemporánea, ese impulso primitivo se enfrenta a un entorno hiperestimulante. Nunca en la historia hubo tantos detonantes dopaminérgicos simultáneos: pantallas, recompensas sociales, consumo digital, notificaciones, estímulos visuales y emocionales diseñados para secuestrar la atención.

El cerebro, que evolucionó para buscar escasez, ahora se satura de exceso y lo que debía orientarnos hacia el sentido, nos arrastra hacia la dispersión.

Desde la neurobiología, este fenómeno se llama downregulation dopaminérgica o adaptación hedónica. Cuando el sistema recibe estímulo tras estímulo sin pausa, reduce su sensibilidad para protegerse del sobreconsumo. El resultado es paradójico: cuanto más placer buscamos, menos placer sentimos. Lo que ayer producía entusiasmo hoy genera apenas un destello de interés. El umbral de satisfacción se eleva, y la línea base dopaminérgica desciende. Así nace la sensación moderna de vacío: una existencia permanentemente excitada, pero cada vez menos viva.

Esta economía del placer no se limita a los objetos o consumos. Opera también en lo emocional. Las palabras de aprobación, los "me gusta", las validaciones sutiles, los logros visibles: todo genera microdescargas dopaminérgicas y cada descarga deja una huella que el cerebro interpreta como "éxito". Con el tiempo, la identidad se entrelaza con el refuerzo: ya no buscamos solo experimentar, sino ser vistos experimentando.

La dopamina se vuelve social; el placer, una vitrina. En la esfera psicológica, el refuerzo es el mecanismo que solidifica el hábito. Cuando una conducta produce una consecuencia gratificante —sea placer o alivio—, el sistema libera dopamina y graba el patrón. Si la consecuencia es desagradable, se activa el circuito aversivo (mediado por la ínsula, la amígdala y la corteza cingulada anterior), que graba la evitación.

Ambos circuitos —el del deseo y el del dolor— coexisten en una danza de polaridades que regulan la conducta. El equilibrio entre ellos determina nuestra estabilidad emocional. Demasiado refuerzo y la motivación se convierte en compulsión; demasiado castigo y la voluntad se apaga.

Lo que distingue al ser humano de otras especies es la capacidad de redefinir el valor de una recompensa. La corteza prefrontal ventromedial evalúa no solo la inmediatez del placer, sino su coherencia con un propósito mayor.

Cuando esta integración se debilita —por fatiga, estrés o trauma—, la dopamina deja de responder a metas significativas y se concentra en estímulos de corto alcance. Así surge la fragmentación: el impulso de revisar el teléfono en mitad de una conversación profunda, la búsqueda de validación cuando la conexión real se desvanece, la necesidad de estímulo cuando el silencio incomoda.

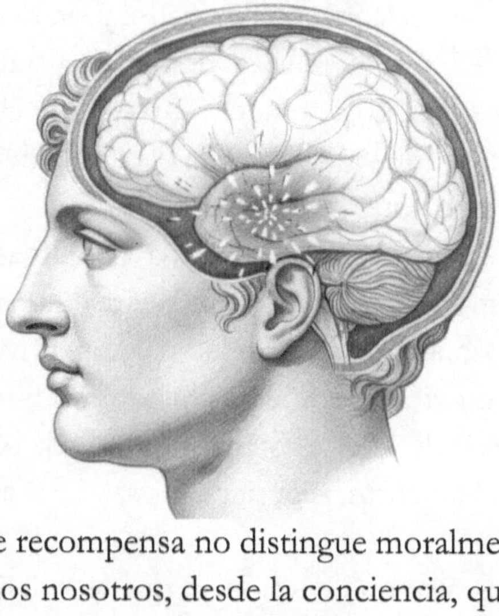

El sistema de recompensa no distingue moralmente; solo busca activación. Somos nosotros, desde la conciencia, quienes debemos enseñarle a reconocer lo que nutre de lo que anestesia.

El placer, entonces, no es enemigo de la evolución. Es el lenguaje a través del cual el cuerpo comunica que algo está funcionando. Pero cuando la dopamina se asocia únicamente a la excitación, el placer pierde su función homeostática y se vuelve adicción. La madurez del sistema —y de la conciencia— consiste en reentrenar el circuito, en enseñar al cerebro que la calma también gratifica, que la presencia también refuerza, que la quietud también sacia. Porque, en última instancia, el propósito del placer no es perpetuar la búsqueda, sino señalar que hemos llegado a casa.

La economía del placer es, en esencia, una economía de atención. Aquello a lo que prestamos atención se convierte en valioso, y lo valioso recibe dopamina. Cada vez que elegimos detenernos, cada vez que respiramos antes de actuar, el cerebro aprende que la satisfacción puede residir en la claridad, no en la intensidad.

Reeducar el sistema de recompensa no es renunciar al deseo, sino transformarlo en brújula. Cuando el deseo deja de ser huida y se vuelve orientación, el placer recupera su naturaleza sagrada: una fuerza que impulsa a expandir la vida, no a consumirla.

Ejemplo aplicado: La búsqueda de aprobación

Imagina que estás frente a alguien cuya mirada valoras. Hablas, gesticulas, eliges las palabras con cuidado, y sin darte cuenta, ajustas el tono para encajar. Una parte de ti observa al otro, pero otra —más antigua— está observándose a través de él. Esa sensación sutil, casi imperceptible, es la antesala de la recompensa: el cuerpo anticipa aprobación antes de recibirla.

El circuito se activa. Una pequeña descarga dopaminérgica ilumina el sistema, y por un instante sientes que algo encaja, que existes un poco más. No es vanidad, es supervivencia: la misma respuesta que un niño experimenta cuando una mirada lo aprueba, cuando un gesto le dice "estás bien así". El cerebro aprendió que la aceptación social garantiza seguridad, y grabó esa asociación como si fuera alimento.

Con los años, esa codificación permanece. La aprobación se convierte en el estímulo que sostiene la identidad. El gesto, la palabra o el silencio del otro se transforman en señales que predicen gratificación. El sistema dopaminérgico no distingue entre hambre emocional y necesidad fisiológica; solo interpreta el refuerzo. Así, el deseo de agradar puede transformarse en un bucle invisible: cada aprobación alimenta la expectativa de la siguiente, y cuando no llega, el descenso dopaminérgico se siente como pérdida. No hay culpa en ello, solo memoria.

La mente, en su intento por preservar la pertenencia, reproduce los mismos patrones que una vez aseguraron afecto. Pero el refuerzo es efímero, y la sensación de valor se vuelve dependiente del entorno. El alma comienza a vivir al ritmo de un aplauso que no siempre suena.

Detente un instante. Recuerda alguna conversación en la que sentiste esa tensión leve, ese impulso de demostrar o agradar. Observa cómo el cuerpo se adelanta a la mente, cómo busca inconscientemente la señal que confirme su lugar. En ese gesto habita la antigua ecuación entre placer y aceptación, entre dopamina y vínculo.

Cuando logras ver el patrón sin juzgarlo, algo se interrumpe. La búsqueda se desacelera y en ese espacio, donde antes solo había deseo de aprobación, aparece un silencio nuevo: el reconocimiento interno. Ya no necesitas ser validado para sentirte visto. La dopamina se aquieta, y en su lugar surge otra forma de recompensa: la coherencia.

Neuropráctica: Calibrar la recompensa

Cuando sientas el impulso de agradar —ese pequeño movimiento interno que busca aprobación o certeza—, no lo reprimas. Detén el gesto por un instante y permite sentir lo que emerge.

Percibe cómo el cuerpo se prepara: el pecho que se tensa, la respiración que se acorta, la voz que se suaviza para no incomodar. Esa reacción no es debilidad: es memoria. El sistema dopaminérgico ha aprendido a asociar la aceptación con seguridad. Cada vez que repites el gesto de complacer, el circuito libera una diminuta chispa de recompensa: el alivio de ser aprobado.

Tu tarea no es extinguir el impulso, sino ampliar el espacio entre la intención y la acción. Cuando aparezca el deseo de complacer, nota su energía, pero retrasa un segundo la respuesta. Esa breve interrupción reeduca el circuito. La corteza prefrontal se activa, y el cuerpo empieza a aprender que el reconocimiento interno también alivia.

Haz la prueba: Antes de responder buscando agradar, respira. Siente la tensión en el cuerpo y repite mentalmente: no necesito merecer, ya pertenezco. En ese instante, la dopamina ya no se dispersa en la mirada del otro; el alivio surge desde el centro. Cada microgesto de presencia reorganiza el sistema: la amígdala pierde dominio, el prefrontal se fortalece y el cuerpo aprende que la calma también gratifica. Poco a poco, la necesidad de aprobación se disuelve en coherencia interior, y el placer deja de buscarse fuera para revelarse dentro.

"Cuando la recompensa se vuelve conciencia, el deseo recupera su propósito: sostener la vida, no distraerla".

-Rebeca Carey

Fatiga Dopaminérgica Y Vacío Emocional

La naturaleza del placer es oscilatoria. Como toda fuerza vital, depende del ritmo: tensión–liberación, estímulo–reposo, ascenso–retorno.

El sistema dopaminérgico fue diseñado para moverse en ese compás: un flujo que impulsa hacia la acción y luego se repliega para recuperar equilibrio. Cuando ese ritmo se rompe, el placer pierde su capacidad de renovar y empieza a desgastar. El mismo mecanismo que motiva el aprendizaje y la exploración puede, bajo exceso de estímulo, convertirse en su propia trampa. La dopamina no es una sustancia de placer, sino una señal de dirección. Su función es anticipar la posibilidad de recompensa, no sostenerla.

Cada descarga está pensada para ser seguida de un descenso natural —un retorno a la línea base— que permite al sistema calibrar su sensibilidad. Cuando el estímulo se repite sin pausa, la homeostasis dopaminérgica se altera: los receptores D2 comienzan a saturarse, y el cerebro reduce su respuesta como mecanismo de defensa. Es el fenómeno de downregulation, un modo de protegerse de la sobrecarga que termina generando indiferencia.

El placer se debilita no por ausencia, sino por exceso. La paradoja es cruel: cuanto más buscamos sentir, menos sentimos. El sistema nervioso se adapta al flujo constante de gratificación como quien deja de oír una melodía que no cesa. Las variaciones desaparecen, y el cerebro —privado de contraste— se adormece. El resultado no es calma, sino vacío: un silencio sin descanso. El placer sostenido se convierte en ruido blanco emocional.

Esta fatiga dopaminérgica no solo altera la química cerebral, sino la arquitectura afectiva de la vida. La mente, diseñada para buscar novedad y aprendizaje, termina atrapada en un circuito de repetición que ya no enseña nada.

El sujeto persigue intensidad como sinónimo de sentido, y confunde excitación con vitalidad. Pero el exceso de intensidad erosiona la sensibilidad: cada estímulo adicional produce menos respuesta, menos brillo, menos asombro. El sistema se acostumbra a la luz del mediodía y olvida el matiz del amanecer.

A nivel neurobiológico, la dopamina trabaja en sinergia con otros sistemas —serotonina, oxitocina, endorfinas— que equilibran su impulso con sensación de bienestar y calma. Cuando la dopamina domina, los demás sistemas se silencian: la excitación sustituye a la serenidad, la promesa reemplaza a la presencia.

El individuo deja de vivir la experiencia y empieza a vivir la anticipación de la experiencia. Cada instante se vuelve preludio del siguiente, y la conciencia habita en un futuro inalcanzable. Esta disociación entre acción y significado explica por qué la era de la hiperestimulación coincide con un auge del cansancio emocional y del sentimiento de vacío.

El circuito mesolímbico, al activarse sin pausas, comienza a perder sensibilidad. La corteza prefrontal —responsable de la regulación y la evaluación consciente— reduce su influencia, mientras la amígdala y el estriado asumen el control conductual. El resultado es un cerebro que actúa por impulso y repite sin intención. El sujeto no decide: reacciona. La repetición se vuelve una forma de anestesia.

En el plano emocional, esta saturación genera una pérdida progresiva de contraste. Las experiencias se igualan: lo bueno no brilla, lo malo no sacude, lo neutro se percibe insoportable. El organismo, acostumbrado al exceso, interpreta la calma como carencia. Lo que debería ser equilibrio se percibe como vacío y ese vacío, lejos de invitar al descanso, activa de nuevo el circuito de búsqueda: el cerebro interpreta la ausencia de estímulo como una amenaza. Entonces la persona vuelve a moverse, no por deseo, sino por miedo a detenerse.

En la sobreestimulación, el cerebro permanece activo incluso cuando no hay nada que despierte verdadero interés. No busca placer: busca cerrar la expectativa que él mismo generó. Cada desplazamiento, cada nuevo estímulo, mantiene encendido el circuito de anticipación, aun en ausencia de una recompensa real.

La dopamina se libera ante la posibilidad de satisfacción, no ante su cumplimiento. Por eso el sistema sigue empujando, aun cuando no hay valor que lo sostenga. En ese punto, el cuerpo entra en un estado de microalerta sostenida: respiración corta, ligera tensión muscular, una quietud inquieta que no cesa. No es placer ni ansiedad: es una vigilia química que consume energía sin ofrecer significado.

El ciclo se vuelve autorreferencial. El organismo no busca algo externo, sino la sensación interna de movimiento que evita el vacío. Pero cuando la recompensa no llega, la dopamina desciende por debajo del equilibrio, generando una sensación de leve malestar que el cerebro intenta compensar con más búsqueda. Así, la mente no descansa: se dispersa.

Es el punto exacto en que el deseo se desconecta del sentido. La dopamina sigue empujando, pero la conciencia ya no está ahí y lo que fue impulso vital se convierte en ruido: una forma sofisticada de cansancio.

"En la saturación, todo parece tener sentido, pero confundimos claridad con interferencia".

-Rebeca Carey

Desde la neuropsicología del aprendizaje, este fenómeno representa una forma de homeostasis invertida: el sistema ya no busca estabilidad, sino excitación mínima constante para no caer en el vacío percibido como dolor. Es la raíz biológica del agotamiento moderno: una mente que corre para no sentirse caer. A nivel existencial, la fatiga dopaminérgica produce una pérdida de sentido simbólico.

Las experiencias se consumen tan rápido que no alcanzan a sedimentar significado. Las emociones se diluyen antes de formar memoria. La vida se convierte en una sucesión de eventos sin relato. El alma, privada de pausa, pierde su capacidad de resonancia. No se trata de tristeza, sino de saturación: cuando todo brilla, nada ilumina.

Este estado, que la psicología contemporánea describe como anhedonia funcional, no es solo una disfunción afectiva, sino una señal de que el sistema ha olvidado cómo descansar. El placer sin pausa destruye su propia fuente. El cerebro, al protegerse del exceso, nos aleja de la capacidad de gozo que intentábamos conservar. Así nace el vacío emocional: no como ausencia de estímulo, sino como consecuencia del abuso de estímulo.

La restauración comienza cuando el organismo recuerda que el placer no depende de intensidad, sino de contraste. La dopamina necesita pausas para conservar su poder motivador, igual que el corazón necesita diástole para volver a latir. En términos neuropsicológicos, la pausa permite la recuperación de la sensibilidad receptora; en términos humanos, permite la recuperación del sentido. La pausa no es renuncia, es calibración. El silencio no es vacío, es campo fértil.

Cuando el sistema aprende a alternar impulso y quietud, el placer recupera su función original: señalar la vida, no sustituirla.

La fatiga dopaminérgica, entonces, no es solo un desequilibrio químico: es una metáfora del modo en que vivimos. La cultura de la gratificación inmediata —del clic, del logro, del aplauso— ha erosionado nuestra capacidad de demorarnos. El cerebro, optimizado para la velocidad, ha sacrificado la lentitud; y con ella, la posibilidad de profundidad.

El vacío que sentimos no es un error del sistema, sino su advertencia: un recordatorio de que la intensidad no equivale a plenitud. La pausa es el compás donde la música del sistema vuelve a afinarse. Sin ese silencio intermedio, el placer se convierte en ruido continuo. Recuperar la capacidad de pausa es, en realidad, recuperar la capacidad de presencia.

Ejemplo aplicado: La ilusión de sentido

Deslizas el dedo sobre la pantalla y una corriente de imágenes, voces y frases se despliega ante ti. Cada estímulo parece ofrecer algo: un instante de asombro, una idea, una emoción. Sin embargo, el cerebro no responde al contenido, sino a la expectativa. La dopamina anticipa que algo importante podría aparecer, y ese "podría" basta para mantener encendido el circuito.

En cuestión de segundos, la mente entra en un flujo hipnótico. Percibe movimiento, pero no dirección; conexión, pero no encuentro. Lo nuevo se interpreta como relevante, aunque nada deje huella. Cada estímulo sustituye al anterior antes de que el cuerpo alcance a procesarlo.

En la superficie, todo brilla: información, humor, emoción, indignación. El cerebro, diseñado para jerarquizar, pierde su mapa; la dopamina se dispersa en mil fragmentos de interés y la atención se fractura en destellos.

Lo urgente reemplaza a lo esencial, lo inmediato se impone sobre lo verdadero. Después de un tiempo, llega el vacío. No es tristeza ni aburrimiento, sino una forma de agotamiento que no puede nombrarse. El cuerpo sigue excitado, pero la mente está vacía: movimiento sin propósito, ruido sin voz. Es la paradoja del exceso: mientras más estímulos recibe el sistema, menos significado puede extraer. El placer se disuelve en saturación y la búsqueda se vuelve reflejo.

La atención, que alguna vez fue un acto de presencia, se convierte en un desplazamiento automático. Las redes sociales no son el problema. Solo amplifican el eco de un mecanismo antiguo: la mente persiguiendo una señal que ya no reconoce como propia. En ese ruido de promesas y destellos, el sentido se vuelve ilusión, y el silencio, amenaza. Hasta que, en algún momento, la pantalla se detiene en esa pausa —tan breve que apenas se percibe— aparece algo distinto: la posibilidad de volver a mirar sin buscar.

Neuropráctica: Enfocar la energía

La próxima vez que tomes el teléfono, no te prohíbas usarlo: obsérvate. Siente el microimpulso que antecede al gesto, la breve tensión en los dedos, la expectativa invisible en el pecho. No lo juzgues, solo míralo.

Ese instante de observación interrumpe el automatismo y activa la corteza prefrontal. La atención, que antes era arrastrada por el estímulo, comienza a dirigir la acción. La dopamina, en lugar de dispersarse en la promesa de novedad, se redirige hacia la conciencia del presente.

Haz una pausa antes de deslizar el dedo. Respira. Pregúntate con suavidad: ¿Qué estoy buscando realmente? No respondas con palabras: deja que el cuerpo lo sienta.

Si aun así decides continuar, hazlo despacio. Observa cómo se siente mirar sin esperar nada. Quizás notes un leve descenso, una calma que no es aburrimiento, sino regulación: la dopamina retornando a su ritmo natural.

Repite esta práctica cada vez que recuerdes. Con el tiempo, notarás que el impulso pierde fuerza y que el silencio deja de ser incómodo. Ahí comienza el restablecimiento del equilibrio: cuando la búsqueda se convierte en presencia y la dopamina aprende a descansar.

CAPÍTULO III

Emoción, Cognición Y Memoria

El Lenguaje Emocional Del Cerebro: Amígdala, Hipocampo Y Corteza Prefrontal.

La emoción no interrumpe el pensamiento: lo funda. Cada idea que creemos tener nace sobre una corriente fisiológica que le da tono y dirección. Antes de cualquier argumento, hay un cuerpo que evalúa. Y esa evaluación no ocurre por azar: es el resultado de millones de años de evolución biológica que enseñaron al sistema nervioso a distinguir entre lo que preserva la vida y lo que la amenaza.

La investigación actual en neurociencia ha mostrado que la emoción no es un obstáculo para el pensamiento, sino su origen biológico. Antonio Damasio describe este vínculo como un diálogo permanente entre cuerpo y mente: el cuerpo siente primero, el cerebro traduce después, y la conciencia otorga significado. Joseph LeDoux complementa esta visión al demostrar que las respuestas emocionales pueden activarse incluso antes de que la mente sea consciente de ellas. Sentir, en realidad, es el modo en que la biología informa al pensamiento sobre lo que está ocurriendo en el interior. Por eso, comprender una emoción no es eliminarla, sino permitirle completarse en la conciencia.

La emoción, desde la neurociencia contemporánea, no es un fenómeno periférico ni un exceso del alma. Es el sistema de valoración automática que orienta la atención, jerarquiza la experiencia y decide qué merece ser recordado. Es una forma de cognición encarnada: una inteligencia que piensa a través de sensaciones, gestos y pulsos eléctricos.

La amígdala cerebral —esa pequeña estructura en forma de almendra ubicada en el lóbulo temporal— funciona como el radar afectivo del organismo. Detecta señales de relevancia antes de que la corteza las analice. No distingue entre peligro real o simbólico: responde a todo aquello que la memoria colectiva y personal ha asociado con supervivencia. Su activación desencadena un torrente neuroquímico —noradrenalina, cortisol, dopamina— que altera el ritmo cardíaco, la respiración, el tono muscular y, sobre todo, la distribución de la atención.

La mente, entonces, se enfoca. Cada emoción redefine la arquitectura del pensamiento: le da forma, sentido y dirección.

Sin embargo, la amígdala no actúa sola. Su intensidad depende de cómo el hipocampo le proporcione contexto. El hipocampo no siente, recuerda; no reacciona, ubica. Mientras la amígdala marca la urgencia, el hipocampo traza el mapa de lo que ocurre y guarda su historia.

De esa interacción nace la memoria emocional: la capacidad de aprender no solo por repetición, sino por significado. Cuando una experiencia es emocionalmente intensa, el sistema límbico amplifica la consolidación de la huella sináptica. Así, lo que emociona se recuerda más; lo que carece de emoción, se disuelve en la indiferencia de lo neutro.

Esta selectividad no es un sesgo moral, sino una necesidad biológica. La memoria necesita economía de importancia: no puede registrar cada instante de la vida, por lo que confía en la emoción como brújula. Por eso, la emoción es el algoritmo más antiguo del aprendizaje.

A partir de ahí interviene la corteza prefrontal, el territorio de la regulación consciente. Esta región —particularmente sus áreas dorsolaterales y ventromediales— actúa como mediadora entre el impulso y el propósito. Cuando funciona de manera integrada, no reprime la emoción: la interpreta. La reevalúa a la luz de la experiencia, modulando la intensidad sin negar la información que contiene. La emoción deja entonces de ser mandato para convertirse en guía.

Toda regulación emocional eficaz ocurre en ambas direcciones: de arriba hacia abajo y de abajo hacia arriba. La prefrontal puede calmar la amígdala mediante reevaluación cognitiva; pero también el cuerpo, al modificar su respiración, postura o ritmo cardíaco, puede enviar señales de seguridad que atenúan la excitabilidad límbica. Es decir, pensar y respirar son dos formas complementarias de regularse. La respiración consciente no es un símbolo espiritual: es una intervención biológica sobre el equilibrio autonómico.

En los procesos de cambio, esta cooperación entre emoción y cognición resulta esencial. Si la emoción domina sin filtro, la persona reacciona; si la razón pretende excluirla, el pensamiento se vuelve árido e ineficaz. El equilibrio surge cuando ambos sistemas se sincronizan, generando lo que podríamos llamar coherencia funcional: sentir lo suficiente para percibir, pensar lo suficiente para dirigir.

Cada emoción, además, modifica la forma en que percibimos el mundo. La alegría amplía el campo atencional; el miedo lo estrecha. El enojo busca resolución; la culpa busca reparación. Lo que llamamos "realidad" no es un espejo objetivo, sino un montaje perceptivo determinado por el estado emocional desde el que miramos. Cambiar la emoción cambia el mundo que percibimos, incluso antes de cambiar las circunstancias externas.

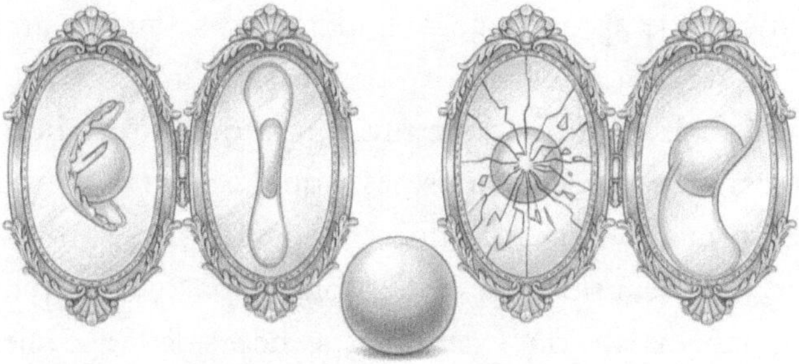

La emoción no solo colorea la memoria: la fabrica. Cuando un recuerdo vuelve a la conciencia, no es una reproducción fiel del pasado, sino una reconstrucción influida por el presente emocional. Si la mente revive un hecho desde la misma emoción que lo creó, refuerza la huella original; si lo revive desde una emoción diferente, la red neuronal que lo sostiene se reconfigura. A este proceso se le llama reconsolidación: la posibilidad biológica de actualizar una memoria cada vez que se recuerda.

Por eso, en el trabajo interior, el cambio no ocurre solo por entender, sino por sentir de otra manera lo que se entiende. Cada reinterpretación emocional modifica la química que acompaña la memoria, y con ella, la conducta que esa memoria inspira. Cuando el hipocampo recibe un contexto nuevo y la amígdala ya no detecta amenaza, el sistema completo aprende que puede responder con calma. El pasado no desaparece: se pacifica.

Nombrar con precisión una emoción tiene un efecto similar. No es solo un acto de autoconciencia; es una operación neuronal. Al traducir la emoción en palabras, la corteza prefrontal activa circuitos de lenguaje y regulación, reduciendo la intensidad amigdalar. Decir "siento enojo" en lugar de "estoy mal" no es una diferencia semántica, es una diferencia biológica. El lenguaje afina la emoción, y la emoción afinada se convierte en información útil para la acción.

Este equilibrio entre sentir, pensar y recordar es el corazón del cambio sostenible. Cuando el sistema nervioso aprende que puede sentir sin desbordarse, el cuerpo deja de defenderse de sí mismo. La emoción deja de ser amenaza y se convierte en energía disponible. Así, el pensamiento recupera su claridad natural, la memoria su función de aprendizaje, y la identidad se vuelve un proceso flexible, capaz de actualizarse sin perder su esencia.

La transformación, en este nivel, no consiste en dominar las emociones, sino en escucharlas hasta que revelen su sentido. Cada una trae un mensaje que, cuando se reconoce, cesa su insistencia. El miedo pide seguridad, la tristeza pide reposo, la ira pide límite, la alegría pide expansión. Cuando estas necesidades se atienden, el cerebro reorganiza sus jerarquías y recupera equilibrio.

La emoción es, en última instancia, la forma en que la vida se comunica consigo misma. Es el lenguaje que el cuerpo utiliza para recordarnos qué necesita para mantenerse íntegro. Si aprendemos a leer ese lenguaje sin resistencia, la mente se vuelve transparente, la memoria deja de doler y el pensamiento se convierte en acto creativo.

"La emoción es la inteligencia del cuerpo y el primer lenguaje de la mente".

-Rebeca Carey

Ejemplo aplicado: El lenguaje invisible

Llegas a un lugar que conoces bien. No es la primera vez que estás ahí. Sin embargo, algo es distinto: el espacio está más lleno de lo habitual, las personas están más cerca, el margen de movimiento se reduce. No ocurre nada explícito, pero antes de que puedas nombrarlo, tu cuerpo ya reaccionó: los hombros se elevan levemente, la respiración se acorta, la atención se vuelve hiperalerta.

En milisegundos, la amígdala detectó la pérdida de espacio personal como una posible señal de amenaza. El hipocampo activó recuerdos de otras situaciones en las que la cercanía física estuvo asociada a incomodidad, invasión o falta de control, y confirmó el patrón. La corteza prefrontal, encargada de evaluar el contexto presente, quedó momentáneamente relegada.

El cuerpo tomó el mando. Nada peligroso está ocurriendo, pero tu sistema nervioso activó un antiguo programa de protección.

Esa respuesta no es debilidad: es memoria biológica. Tu cerebro no reacciona al lugar en sí, sino a la experiencia corporal que alguna vez quedó grabada en una situación similar.

El cuerpo no te traiciona: te revela con precisión el punto donde una experiencia pasada aún intenta cuidarte.

Neuropráctica: Desactivar el eco antiguo

Cuando notes que algo en ti se activa sin razón clara, no intentes entenderlo ni regularlo. Haz un gesto distinto al habitual, uno pequeño, deliberado y consciente.

Si sueles quedarte inmóvil, muévete lentamente.

Si tiendes a acelerar, reduce el ritmo.

Si tu cuerpo se cierra, cambia la postura de forma sutil: descruza los brazos, apoya ambos pies, endereza la espalda.

El objetivo no es "sentirte mejor", sino romper la continuidad automática. El cerebro aprende secuencias completas: estímulo–respuesta–sensación. Cuando introduces una variación consciente en el eslabón conductual, el circuito pierde inercia. La amígdala deja de recibir confirmación del patrón, y el sistema comienza a reorganizarse.

Permanece unos segundos en ese nuevo gesto. No lo evalúes. No lo juzgues. Solo sostenlo. Muchas veces, ese mínimo cambio corporal basta para que la reacción antigua no pueda completarse como siempre. No porque la hayas combatido, sino porque no encontró el cuerpo que esperaba.

Cada vez que interrumpes la secuencia con un acto consciente, le enseñas al sistema nervioso que el presente admite otras respuestas, y allí donde antes el pasado tomaba el mando, empieza a abrirse una posibilidad nueva.

Cómo La Emoción Moldea La Percepción Y La Toma De Decisiones

El cerebro no percibe el mundo tal como es, sino tal como espera que sea. Cada segundo, anticipa miles de posibilidades, genera hipótesis, descarta, corrige, ajusta. La mente no recibe la realidad como una fotografía; la construye como una interpretación activa del entorno. Esta función predictiva, descrita por la neurociencia contemporánea como modelo generativo o cerebro predictivo, permite que podamos movernos sin tener que analizar cada estímulo. Sin embargo, el precio de esa eficacia es la distorsión: lo que creemos ver suele ser un reflejo de lo que sentimos antes de mirar.

Las emociones son el lenguaje a través del cual el cuerpo jerarquiza la experiencia. Mientras los sentidos recogen información, la emoción la ordena. Decide qué estímulo merece atención y cuál puede ser ignorado, qué dato es seguro y cuál podría ser una amenaza. No existe percepción neutra: toda percepción está filtrada por la relevancia emocional que el cerebro asigna en función de su historia.

El sistema emocional —amígdala, ínsula, cíngulo anterior, corteza orbitofrontal— actúa como un curador invisible del mundo. Selecciona los fragmentos que considera útiles para mantener la coherencia interna. Si el cuerpo está relajado, la atención se amplía; el entorno se percibe como más luminoso, más estable, más accesible. Si el cuerpo está en alerta, la percepción se contrae, el foco se estrecha y la mente busca señales que confirmen su estado. No vemos lo que hay: vemos lo que encaja con nuestro tono emocional.

Este principio es tan constante que raramente lo advertimos. Cuando una persona se siente amenazada, el cerebro reorganiza su mapa perceptivo: aumenta la actividad en la amígdala y reduce la de la corteza visual, priorizando la reacción sobre la observación. Lo que el ojo no procesa con claridad, la emoción completa con su propio relato. Por eso, en momentos de ansiedad, el silencio parece hostil; en calma, ese mismo silencio se vuelve descanso. El entorno no cambia: cambia la lente con la que lo interpretamos.

La neurociencia afectiva ha demostrado que la emoción no solo modula lo que percibimos, sino lo que recordamos de lo percibido. El hipocampo —estructura clave en la memoria— codifica de manera más profunda los eventos cargados de emoción. Esto crea una jerarquía en la memoria: recordamos más aquello que nos impacta, aunque no sea lo más exacto. El recuerdo emocional no busca precisión, busca significado. Así, el pasado no es archivo, sino un conjunto de mapas emocionales que guían cómo interpretamos el presente.

La emoción también dirige el proceso de predicción sensorial. El cerebro, en su búsqueda constante de economía, compara lo que llega a través de los sentidos con lo que ya conoce. A esa diferencia se le llama error de predicción: la brecha entre lo que se esperaba y lo que ocurre. La emoción es quien decide si esa brecha importa. Cuando algo despierta interés, la dopamina amplifica la señal, aumenta la atención, genera curiosidad. Cuando algo genera temor, el cuerpo eleva cortisol y adrenalina, prepara defensa, cierra la exploración. Así, la emoción no es un adorno del pensamiento: es el algoritmo que regula qué tipo de pensamiento será posible.

Esta dinámica también explica por qué las emociones sostenidas moldean la manera en que decidimos. Una persona que vive en estado de preocupación no percibe opciones neutras; las filtra como amenazas potenciales. Una persona con confianza activa interpreta la ambigüedad como oportunidad. El contexto emocional condiciona la estructura de la decisión antes de que la mente formule argumentos. Como demostró Antonio Damasio en sus estudios sobre pacientes con daño en la corteza prefrontal, la inteligencia sin emoción no puede elegir. La emoción asigna valor y dirección; sin ella, la razón queda suspendida en neutralidad.

El proceso de decidir comienza siempre con una señal corporal. Antes de la idea, hay una sensación. El cuerpo emite un leve impulso —un nudo, una expansión, una presión— y la mente lo traduce en pensamiento. Eso que llamamos intuición no es un fenómeno misterioso, sino la lectura consciente del lenguaje interoceptivo. El corazón, los pulmones, la piel, el intestino; transmiten información sobre el estado del entorno a través del nervio vago y de la ínsula anterior. Esa red visceral informa al cerebro de si algo se siente coherente o amenazante, y en base a esa lectura la mente toma posición.

Pero el cuerpo no siempre acierta. A veces su memoria emocional está desactualizada: responde a ecos antiguos que ya no corresponden al presente. En esos casos, la percepción se distorsiona, y el pensamiento racional se ve arrastrado por la emoción sin saberlo. Lo que creemos entender es solo la lógica que el cerebro construye para justificar la sensación dominante. Por eso, el primer paso hacia una mente lúcida no es pensar mejor, sino sentir con mayor precisión.

Cuando aprendemos a observar la emoción mientras ocurre—sin negarla ni seguirla—, el circuito emocional comienza a reeducarse. La amígdala deja de operar en modo automático, la corteza prefrontal gana espacio y el cuerpo aprende que puede sentir sin perder claridad. Esa microactualización, repetida a diario, cambia literalmente la arquitectura neuronal. La emoción sigue presente, pero ya no impone su relato. La percepción se vuelve más fiel al entorno y menos dependiente de la memoria.

El circuito de recompensa participa también en esta reeducación. Cada vez que elegimos desde la presencia y no desde el impulso, el cerebro libera dopamina asociada a la sensación de coherencia. Ese pequeño placer interno consolida la nueva ruta neuronal. De igual modo que el hábito se forma por repetición inconsciente, la lucidez se forma por repetición consciente. Ambas son aprendizaje; la diferencia es el nivel de atención con el que se graban.

La emoción moldea la percepción y, al hacerlo, orienta la decisión. Pero la conciencia —esa capacidad de observar el movimiento interno sin identificarse del todo con él— puede modificar el peso que la emoción tiene en la ecuación. El cerebro cambia con cada experiencia observada; el cuerpo aprende con cada sensación comprendida. Percepción, emoción y decisión dejan de ser tres procesos separados y se integran como una sola danza de significado.

La madurez emocional no es controlar lo que sentimos, sino comprender qué función cumple cada emoción en el mapa del sentido. Cuando el cuerpo se siente seguro, la mente percibe con más amplitud y la decisión se vuelve creativa. Cuando el cuerpo está en amenaza, la mente percibe con rigidez y la decisión busca solo protección. La libertad interior consiste en reconocer desde qué estado emocional estás mirando antes de elegir.

Mirar desde la presencia cambia todo: el mundo deja de ser espejo del miedo y se convierte en campo de relación. La emoción no desaparece, se transforma en inteligencia. Y decidir ya no es elegir entre opciones, sino responder desde coherencia.

Cuando una emoción se activa, el mundo adopta su forma. Lisa Feldman Barrett explica que el sistema nervioso no solo percibe, sino que interpreta cada estímulo según las huellas afectivas acumuladas en la memoria. Joseph LeDoux ha mostrado que esta influencia es inmediata: la amígdala prioriza los estímulos cargados de emoción antes de que la mente los analice. Así, no miramos lo que está, sino lo que nuestro cuerpo recuerda y espera. Reconocerlo nos permite ampliar la mirada: percibir con conciencia no es ver más, sino ver de otro modo.

"Cuando cambia la emoción que sostiene la mirada, el mundo adopta otra forma".

-Rebeca Carey

Ejemplo aplicado: El filtro emocional

Cada emoción modifica la forma en que percibimos el mundo. No solo cambia el tono afectivo: transforma la realidad momentánea.

Imagina que caminas por la calle y alguien cruza su mirada contigo. Si el estado interno es sereno, ese gesto se interpreta como neutro, quizá incluso amable. Si hay tensión o miedo, la misma mirada puede parecer juicio o amenaza.

Nada en el entorno cambió: cambió la fisiología. La amígdala, al detectar una posible señal de peligro, altera la prioridad de lo que el cerebro observa y oye. El hipocampo busca recuerdos similares y completa el contexto con asociaciones emocionales antiguas. La corteza prefrontal, encargada de integrar la información, toma esos datos sesgados y los convierte en pensamiento: "Esa persona me miró mal."

Así, la emoción actúa como un lente biológico que determina qué parte del mundo consideramos real. No vemos lo que ocurre; vemos lo que nuestro sistema nervioso espera confirmar.

El entrenamiento consiste en reconocer cuándo la emoción está actuando como filtro. Basta una respiración consciente y una pregunta interior:

"¿Esto que percibo es un hecho o una sensación amplificada por mi estado emocional?"

Al hacer esa pausa, la actividad límbica desciende, la corteza prefrontal recupera control y la percepción se reconfigura. No se trata de eliminar la emoción, sino de iluminarla. El filtro se vuelve transparente.

Cada vez que observamos el mundo sin el velo del estado interno, fortalecemos la red neuronal de la claridad emocional: ese punto de equilibrio donde sentir y comprender ya no se excluyen.

Neuropráctica: Observar el filtro

Detente un momento. Piensa en una situación reciente que haya despertado en ti una reacción emocional inmediata. No importa si fue grande o pequeña. Tal vez una palabra, una mirada o un silencio que cambió tu tono interno. Evoca la escena sin analizarla, como si la observaras desde una cierta distancia.

Percibe qué ocurre en el cuerpo cuando la emoción aparece. Quizá se contrae el abdomen, se acelera la respiración o surge calor en el rostro. No intentes modificar nada. Solo siente. Esa sensación es la forma en que la emoción se vuelve materia: el instante en que la biología comienza a hablar. La amígdala, al activarse, organiza la percepción para protegerte, mientras el hipocampo busca recuerdos similares que confirmen lo que siente. Lo que percibes no es un reflejo exacto de lo que ocurre, sino la versión que tu sistema nervioso considera más segura.

Respira con lentitud. Inhala profundamente y, al exhalar, imagina que la respiración atraviesa la emoción y despeja el espacio interno. Cada exhalación calma el cuerpo y permite que la corteza prefrontal recupere claridad. Vuelve entonces a mirar mentalmente la escena. ¿Qué cambió? Tal vez percibas menos amenaza, o descubras un matiz que antes no existía. La emoción no se ha ido; simplemente dejó de dirigir la mirada.

Observar el filtro emocional es aprender a ver con conciencia. Cada vez que reconoces que la emoción está coloreando tu percepción y eliges permanecer presente, tu cerebro reorganiza el circuito entre la amígdala y la corteza prefrontal. Esa repetición sutil, practicada con amabilidad, fortalece la claridad emocional y entrena la mente a sostener presencia aun cuando el cuerpo sienta.

La percepción se limpia cuando la emoción es vista. Ver con conciencia es recordar que el sentir también puede ser lúcido.

Memoria Emocional: Lo Que El Cuerpo Nunca Olvida

La memoria no es un archivo de hechos, sino un territorio donde la emoción deja su huella. No recordamos lo que ocurrió, sino cómo nos hizo sentir. Cada experiencia se inscribe en el cuerpo con un pulso afectivo que determina la forma en que evocamos el pasado. Por eso, el recuerdo no es una reproducción: es una reactivación. Cuando algo nos toca con fuerza, el sistema nervioso marca esa vivencia con una señal química que la vuelve más accesible y persistente. Lo que emociona se graba; lo que no conmueve, se desvanece.

La memoria emocional es el diálogo permanente entre la amígdala y el hipocampo. La amígdala evalúa la relevancia afectiva del suceso —si representa peligro, placer o significado— y envía esa señal al hipocampo, que la traduce en coordenadas de tiempo y lugar. Así, cada emoción obtiene un contexto y cada recuerdo, una intensidad. Si la emoción es intensa, la amígdala libera neuromoduladores —adrenalina, dopamina, noradrenalina— que fortalecen la consolidación sináptica del hipocampo. Esa cooperación explica por qué un instante vivido con emoción puede permanecer intacto durante años, mientras cientos de días neutros se disuelven sin dejar rastro.

En el laboratorio del cerebro, la emoción y la memoria comparten territorio. Lo que una siente, la otra conserva. La investigación neurocientífica ha mostrado —como plantean Antonio Damasio o Joseph LeDoux— que los recuerdos más perdurables no son los más repetidos, sino los que estuvieron acompañados de una fuerte activación emocional. La amígdala y el hipocampo actúan como un archivo vivo: mientras la primera evalúa la relevancia del suceso, el segundo le otorga contexto y forma. Lisa Feldman Barrett profundiza en esta dinámica al mostrar cómo la emoción colorea la interpretación del recuerdo, y Bessel van der Kolk la extiende al cuerpo, donde las memorias incompletas permanecen como tensión o síntoma. Así, emoción, memoria y cuerpo conforman una sola continuidad: la historia viva de lo que sentimos.

Pero el cerebro no guarda un pasado inmóvil. Cada vez que recordamos, reescribimos. La evocación abre la red neuronal donde vive el recuerdo y la hace vulnerable a nuevas asociaciones. Es lo que la neurociencia llama reconsolidación: el momento en que una memoria vuelve a ser flexible antes de fijarse de nuevo. Por eso, recordar puede sanar o distorsionar, según la emoción que acompañe el acto de recordar. Lo que sentimos mientras evocamos modifica la historia que contamos sobre lo que ocurrió. Así, la memoria no es un archivo, sino un relato en constante edición.

Desde la psicología contemporánea, esta plasticidad emocional de la memoria es esencial para el cambio. No podemos transformar lo que negamos, pero sí podemos resignificar lo que comprendemos. Cuando una emoción antigua se reactiva —culpa, miedo, pérdida, vergüenza—, el cerebro ofrece la posibilidad de integrarla en una narrativa distinta. En ese instante, el recuerdo deja de ser herida y se convierte en conocimiento. No se trata de olvidar, sino de recordar de otra manera: sin la carga que deformaba la percepción, sin la defensa que mantenía vivo el pasado.

El cuerpo participa en ese proceso con absoluta fidelidad. Cada vez que una memoria se activa, el cuerpo la traduce en sensaciones: la garganta se cierra, el pecho se tensa, la respiración cambia. Es su modo de decirnos que algo antiguo ha regresado a la conciencia. Estas respuestas no son un error; son la señal de que una emoción guardada intenta completarse. Si en lugar de reprimirla la observamos, la energía que antes se convertía en tensión puede transformarse en comprensión. En ese instante, el pasado deja de repetirse y empieza a integrarse.

La memoria emocional, entonces, no es una prisión: es un puente entre lo que fuimos y lo que podemos ser. Nos recuerda que el cambio no consiste en borrar, sino en reconciliar. Lo que alguna vez dolió puede convertirse en la fuente de una nueva claridad si aprendemos a mirar el recuerdo con otra emoción. Porque, al final, no somos lo que nos ocurrió, sino lo que hemos comprendido de lo que ocurrió.

"Cada recuerdo espera ser mirado desde la conciencia que no tuvimos cuando ocurrió".

Rebeca Carey

Ejemplo aplicado: La huella que no se borra

Layla recuerda una reunión de trabajo en la que fue interrumpida bruscamente por su superior. Han pasado años, pero cada vez que alguien alza la voz o la corrige, siente la misma contracción en el pecho, el mismo impulso de defenderse o callar. No es la escena lo que revive, sino la emoción que la acompañó. El cuerpo reacciona antes que la mente, como si aquella situación aún estuviera ocurriendo.

La memoria emocional no distingue el tiempo: activa las mismas rutas que se formaron en la experiencia original. En este caso, la amígdala asocia la elevación del tono de voz con amenaza, y el hipocampo la vincula con un contexto de vulnerabilidad. La reacción actual no proviene del presente, sino de la reactivación de ese antiguo circuito. Cuando Layla logra observar lo que siente sin juzgarlo, reconoce que la emoción no pertenece al momento actual. Esa comprensión abre la posibilidad de resignificar el recuerdo: la sensación de ataque se transforma en conciencia, y el cuerpo, antes en alerta, puede finalmente descansar.

Neuropráctica: Reescribir la emoción del recuerdo

Trae a la mente un recuerdo que todavía deja una huella. No tiene que ser intenso ni dramático; basta con que aparezca de vez en cuando, como un eco que insiste. No entres en la escena. Mírala desde cierta distancia, como se observa algo que ocurrió y ya no necesita ser revivido.

Permite que emerja una comprensión simple: eso sucedió en otro tiempo, a otra versión de ti. Reconoce cuántos años tenías entonces, qué comprensión del mundo, de ti mismo o de la vida aún no estaba disponible. El sistema nervioso respondió con los recursos que tenía; esa respuesta fue una forma de cuidado.

No busques emoción ni intentes transformarla. Aquí no se trata de sentir más, sino de ver con mayor amplitud. El cerebro conserva las experiencias como mapas de orientación: no distinguen pasado de presente, solo señalan por dónde evitar el peligro. Cuando amplías el contexto, el mapa deja de gobernar.

Desde ese lugar, permite que aparezca una frase breve que represente tu mirada actual sobre lo ocurrido. No es una explicación ni una resignificación; es una constatación tranquila, dicha desde quien eres hoy. Déjala estar, sin forzar nada más.

Al cerrar, reconoce esto: lo vivido forma parte de tu historia, pero ya no dirige tus respuestas. La memoria no necesita desaparecer para transformarse. Cuando se reubica, el pasado pierde autoridad y el presente recupera espacio. Y en ese gesto silencioso, algo se ordena.

El Cuerpo Como Resonancia De La Emoción

El cuerpo es el primer lugar donde ocurre todo. Antes de que una emoción tenga nombre, ya existe una sensación que la anuncia: un cambio en la respiración, un pulso que se acelera, una presión apenas perceptible en el pecho o en el abdomen. El cuerpo no interpreta; responde. Es el escenario donde la emoción se vuelve materia y el punto de partida de toda percepción consciente. Por eso, aprender a escucharlo no es un recurso accesorio: es la vía directa para comprender lo que nos pasa.

La conciencia corporal nace de una cartografía fina que el cerebro sostiene en silencio. La corteza insular integra señales internas —latido, ritmo respiratorio, temperatura, distensión visceral— y las traduce en una sensación global de estado. El cíngulo anterior organiza esa información para orientar la conducta. El sistema nervioso autónomo, con su diálogo continuo entre simpático y parasimpático, ajusta la energía del organismo para responder. Cuando esa red llega a la conciencia, llamamos a ese proceso sentir. En esa cadena, la emoción no se resuelve con ideas: se regula por presencia. No basta con comprender lo que sentimos; hay que habitarlo.

Cada emoción dibuja un mapa corporal reconocible. La tristeza afloja el tono postural y vuelve la respiración más pesada; la rabia sube la temperatura de la piel, tensa la mandíbula y contrae el abdomen; la alegría expande el tórax y despeja la mirada. Esos patrones no son metáforas: son configuraciones musculares, químicas y eléctricas que el cerebro usa para predecir y regular. Cuando ignoramos sistemáticamente esas señales, el cuerpo no olvida; conserva la tensión como un gesto inacabado. La energía que no encuentra salida se convierte en rigidez, dolor sordo o fatiga difusa, y el organismo aprende a sostener una postura que no nació de la ergonomía, sino de la emoción.

El latido también habla. En cada sístole, los barorreceptores informan al tronco encefálico sobre la presión sanguínea y, al hacerlo, marcan un compás secreto que influye en lo que atendemos y en cómo lo evaluamos. La respiración acompasa ese ritmo: cuando se hace larga y profunda, el nervio vago incrementa su tono y el cuerpo recupera margen de maniobra; cuando es corta y entrecortada, la alerta se reenciende. La regulación emocional cotidiana ocurre en esta danza íntima: corazón, respiración y musculatura afinan el volumen de la experiencia antes de que aparezcan las palabras.

Sentir es también pensar con el cuerpo. Diversos estudios en neurociencia afectiva han mostrado que las sensaciones internas no son simples respuestas fisiológicas, sino la base misma del pensamiento emocional. Antonio Damasio describió este proceso como el punto donde el cuerpo se vuelve mente: las señales viscerales crean el tono que da forma a la conciencia. Lisa Feldman Barrett amplió esa idea al proponer que el cerebro anticipa los estados corporales para interpretarlos como emoción. Joseph LeDoux explicó que esta anticipación no es abstracta, sino regulada por la amígdala y el sistema nervioso autónomo, que afinan la percepción del peligro y del alivio.

Bessel van der Kolk llevó esta comprensión al terreno del recuerdo, mostrando que el cuerpo conserva la memoria allí donde el lenguaje no llega. En conjunto, sus investigaciones sostienen una intuición profunda: el cuerpo no solo registra lo vivido, lo piensa desde su propia inteligencia silenciosa.

El cuerpo no solo registra el presente: trae consigo la memoria de lo vivido. Al reactivarse una huella emocional, reaparece el mismo patrón somático que la acompañó. La mente puede saber que ya no hay peligro, pero si el diafragma se bloquea y el pulso se acelera, el organismo actúa como si lo hubiera. No es un error: es un intento de proteger. La emoción no resuelta busca completarse repitiendo su forma incompleta en el cuerpo. Por eso, muchas reacciones actuales no pertenecen al momento que las desencadena, sino al recuerdo que se activó en silencio.

La interocepción —esa capacidad de percibir los estados internos— no es un lujo contemplativo; es una función de supervivencia. Cuando está afinada, distingue matices: entre inquietud y miedo, entre enojo y límite, entre cansancio y apatía. Cuando está embotada, las sensaciones se vuelven ruido y la conducta, automatismo. El entrenamiento consiste en devolverle precisión al sentir: volver a notar gradaciones, ritmos, texturas de lo que ocurre adentro, hasta que la emoción pueda desplegarse sin que la mente se apresure a etiquetar o a huir.

Habitar la emoción en el cuerpo no significa intensificarla, sino ofrecerle un espacio donde completarse. Permanecer unos instantes con la sensación —sin empujarla ni retenerla— permite que el sistema nervioso atraviese su propio ciclo: ascenso, meseta, descenso. El gesto que no se completó encuentra su cierre. A veces es un suspiro que llega solo cuando dejamos de forzarlo; otras, un calor que recorre el pecho y se apaga; otras, la suavidad repentina en la parte del cuerpo que llevaba horas en guardia. Esa es la inteligencia somática en acción: menos argumento, más verdad.

El cuerpo también corrige la mirada. Cuando notamos que una reacción es antigua —porque su forma somática es conocida—, la percepción del presente se despeja. La emoción deja de ser filtro y vuelve a ser señal. Ese simple reconocimiento reordena la narrativa: lo que parecía un ataque se revela como una memoria; lo que sentíamos como rechazo se comprende como sensibilidad; lo que creíamos debilidad se descubre como protección. El cambio sucede ahí, en el momento en que la sensación recupera su estatus de información y deja de tironear la interpretación.

La práctica continuada de esta escucha modifica la arquitectura del día. El tono vagal se incrementa, la recuperación tras el estrés se acelera, la respiración encuentra un compás más amplio. No se trata de suprimir emociones, sino de cultivar un cuerpo capaz de transitarlas sin perder la claridad. Un cuerpo que sabe sentir es un cuerpo que sabe elegir. Y elegir, en este nivel, no es decidir con la cabeza, sino permitir que la experiencia se organice de un modo más verdadero.

Todo capítulo sobre emoción termina en el cuerpo porque ahí comienza el cambio. La resistencia que abordaremos después —esa fuerza que nos hace repetir lo conocido, aunque duela— se alimenta de sensaciones que el organismo considera peligrosas o demasiado nuevas. Por eso, el paso siguiente no es pensar distinto, sino poder estar de otro modo en la propia piel. A partir de ahí, la mente deja de defenderse y empieza a comprender.

"Toda transformación nace en la quietud del cuerpo que finalmente se atreve a sentir".

-Rebeca Carey

Ejemplo aplicado: El cuerpo que recuerda antes que la mente

Layla llevaba semanas con una tensión persistente en los hombros. Al principio la atribuía al trabajo, a las horas frente a la computadora, a la falta de descanso. Pero una tarde, durante una conversación trivial, notó que esa rigidez aumentaba cada vez que alguien le pedía algo con urgencia. No era cansancio: era una forma de alerta. Su cuerpo se adelantaba al pensamiento, como si conociera el desenlace antes de que ocurriera.

En un ejercicio de observación, decidió quedarse quieta y respirar dentro de la sensación. Sintió que la rigidez escondía una orden más antigua: "no falles". Comprendió que aquella tensión no se había originado en el presente, sino en años de respuestas automáticas para ser aceptada. El cuerpo la había mantenido fielmente, como un guardián que no entendía que el peligro ya había pasado.

Al reconocerlo, no intentó relajarse; solo permaneció en contacto con la sensación hasta que la respiración se volvió más amplia y el calor descendió por los brazos. La emoción no desapareció: se transformó. Lo que antes era contracción se volvió comprensión. El cuerpo no olvidaba; simplemente esperaba ser escuchado.

Neuropráctica: Habitar la emoción en el cuerpo

Siéntate en silencio, con la espalda recta y los pies apoyados en el suelo. Cierra los ojos. Durante unos segundos, lleva tu atención a la respiración sin modificarla. Percibe su ritmo natural, su temperatura, su cadencia. Ahora, permite que surja una emoción que haya estado presente en los últimos días. No la busques con la mente: deja que aparezca sola, como un movimiento interno que se hace evidente.

No intentes nombrarla. Solo localiza en qué parte del cuerpo se siente con mayor intensidad. Puede ser en el pecho, el abdomen, la garganta o en un lugar inesperado. Coloca tu atención allí, como si iluminaras ese espacio desde adentro. Respira sin intentar que la sensación cambie. Obsérvala mientras respiras dentro de ella, como quien acompaña a un niño que llora sin decirle qué debe hacer.

Nota si esa sensación tiene forma, color, densidad o temperatura. Tal vez se expande, tal vez se contrae. Si se mueve, déjala moverse; si permanece quieta, acompáñala desde el silencio. No fuerces nada. El cuerpo sabe lo que necesita completar cuando la mente no interfiere.

Poco a poco, percibe que la respiración encuentra su propio compás. La sensación que antes era tensión o nudo comienza a transformarse, no porque la controles, sino porque la estás sosteniendo con conciencia. Cuando lo sientas, permite que la respiración se alargue un poco más y observa la diferencia entre antes y ahora.

Abre los ojos lentamente. Reconoce que el cuerpo ha hecho algo sin que tu mente lo ordenara: ha comprendido. Cada vez que una emoción regrese, recuerda este gesto. Habitarla es permitirle completarse; sentirla es dejar que el cuerpo piense por ti.

CAPÍTULO IV

Neurobiología de la resistencia al cambio

"La resistencia no es un error del cerebro, sino una estrategia de supervivencia que primero debe comprenderse para poder trascenderla".

-Rebeca Carey

El Diálogo Interno Entre La Amígdala Y La Corteza Prefrontal

El cambio, aunque anhelado, se vive como una perturbación en la economía del cerebro. Todo lo nuevo implica un grado de incertidumbre, y el sistema nervioso —diseñado para anticipar y conservar energía— responde ante esa incertidumbre con cautela. No es pereza ni debilidad: es biología. En ese escenario aparece el diálogo más íntimo y decisivo del organismo: el que sostienen la amígdala y la corteza prefrontal. Entre ambas se libra la tensión constante entre sentir y razonar, entre proteger y explorar.

La amígdala es una estructura antigua, alojada en el sistema límbico, cuya función primordial es detectar relevancia afectiva. Su trabajo no es pensar, sino avisar. Evalúa cada estímulo según su potencial de amenaza o de beneficio, y lo hace antes de que la conciencia intervenga. Su eficiencia radica en la velocidad: en apenas unos milisegundos, puede activar al hipotálamo, liberar adrenalina y cortisol, elevar la frecuencia cardíaca y predisponer al cuerpo para la acción. El precio de esa rapidez es su falta de matices: no distingue entre lo peligroso y lo simplemente desconocido. Para la amígdala, lo nuevo siempre es sospechoso.

La corteza prefrontal, en cambio, es la región más reciente de nuestra evolución. Es la sede de la planificación, la toma de decisiones, la autorregulación y el pensamiento abstracto. Mientras la amígdala reacciona, la prefrontal evalúa. Su tarea es introducir contexto, diferenciar lo que ocurrió antes de lo que sucede ahora, e inhibir respuestas que no corresponden al presente. Sin embargo, para poder hacerlo necesita un recurso básico: tiempo. Cuando la emoción se dispara con intensidad, ese tiempo se reduce. La química del miedo —cortisol, noradrenalina— interrumpe la comunicación fluida entre ambas regiones, y el diálogo se convierte en monólogo: la amígdala habla, la prefrontal calla.

Esa desconexión temporal explica buena parte de la resistencia al cambio. El cerebro, enfrentado a un escenario incierto, activa su red de alarma como si lo desconocido fuera peligroso. Las vías de comunicación entre la amígdala y la corteza prefrontal —especialmente las proyecciones que pasan por el cíngulo anterior y la ínsula— se congestionan bajo estrés. Cuando eso ocurre, la emoción toma el mando, y el pensamiento racional se vuelve un espectador atrasado. Decimos que "sabemos" que cambiar nos hará bien, pero "sentimos" que hacerlo amenaza algo esencial. Ese desajuste no es irracional: es el conflicto entre dos tiempos del cerebro, el del instinto y el de la reflexión.

El equilibrio entre ambas regiones depende del tono neurovegetativo general del cuerpo. Cuando el sistema nervioso autónomo opera en modo simpático —aceleración, hipervigilancia, tensión—, la amígdala amplifica cada señal y reduce la flexibilidad cognitiva. En cambio, cuando el sistema parasimpático recupera protagonismo —a través de la respiración profunda, el contacto o el reposo—, la comunicación con la corteza prefrontal se restablece. En ese punto, la emoción deja de ser un mandato y se convierte en información. Lo que antes se vivía como urgencia se transforma en señal para ajustar la conducta.

Las investigaciones en neuroregulación emocional han mostrado que el aprendizaje de nuevos comportamientos no depende tanto de la fuerza de voluntad como de la coordinación entre estos dos polos cerebrales. La amígdala aporta la energía, la prefrontal la dirección. Cuando están sincronizadas, la emoción impulsa el cambio; cuando se desajustan, la emoción lo bloquea. No se trata, por tanto, de dominar una sobre otra, sino de enseñarles a dialogar.

A lo largo de la vida, ese diálogo se moldea por la experiencia. Cada vez que afrontamos una situación nueva sin desbordarnos, reforzamos las conexiones inhibitorias que permiten a la prefrontal modular la señal emocional. Cada vez que evitamos o reaccionamos impulsivamente, fortalecemos el circuito de alarma. Así, la resistencia al cambio no es una falla moral, sino un aprendizaje neural: un cuerpo que ha aprendido que lo nuevo puede doler. La transformación interior comienza cuando esa memoria se revisa desde la seguridad del presente.

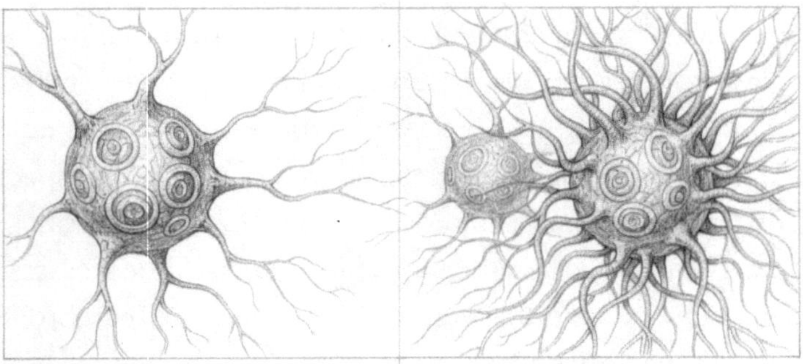

Este principio ha sido explorado desde distintas perspectivas dentro de la neurociencia del afecto y la autorregulación. Antonio Damasio propuso que la integración entre emoción y razón constituye la base de la conciencia: la mente necesita del cuerpo para pensar con sentido. Joseph LeDoux profundizó en este eje, mostrando que la amígdala reacciona a las señales de peligro antes de que la corteza lo registre, pero que con la práctica atencional y la reevaluación cognitiva esa respuesta puede modificarse. Lisa Feldman Barrett amplió la comprensión de este diálogo al describir la emoción como una construcción predictiva del cerebro: un intento constante de anticipar lo que vendrá a partir de la memoria corporal. Estas visiones coinciden en un punto esencial: la resistencia al cambio no nace de la mente consciente, sino de la biología que protege la continuidad del yo. Comprenderla es el primer paso para transformarla.

La neurociencia afectiva contemporánea sostiene que esta conversación entre emoción y razón constituye la base de la autoconciencia. Investigaciones más recientes, centradas en la neuroplasticidad emocional, confirman que el entrenamiento atencional y la regulación respiratoria fortalecen la conectividad entre ambas estructuras. Lo que cambia entonces no es solo la conducta, sino el sentido de agencia: el sujeto deja de reaccionar y empieza a responder.

En esa integración reside la posibilidad del cambio. La amígdala sigue siendo necesaria —sin ella no habría impulso ni vida—, pero su energía deja de operar como alarma para convertirse en brújula. La corteza prefrontal, a su vez, deja de ser una voz racional que reprime la emoción para volverse la conciencia que la escucha y la orienta. Cuando el diálogo se restablece, el cambio deja de ser una amenaza y se vuelve un acto de coherencia.

Ejemplo aplicado: El reflejo de lo desconocido

Estás por tomar una ruta diferente hacia el trabajo. No es un gran cambio, solo una calle nueva que alguien te recomendó para evitar el tráfico. Pero al llegar a la esquina, sin motivo aparente, eliges el camino habitual. La decisión fue instantánea, casi invisible: el cuerpo se adelantó al pensamiento.

Unos segundos después, notas la sensación. Hay una mezcla de alivio y de leve frustración. La amígdala ya hizo su parte: eligió la seguridad de lo conocido. No distinguió si esa calle nueva era realmente peligrosa; solo interpretó la novedad como un posible riesgo. Mientras tanto, la corteza prefrontal comienza a elaborar su discurso: no era buen momento para probar, tengo prisa, mañana lo haré. Pero en el fondo sabes que no fue una elección racional: fue un reflejo aprendido.

Durante el resto del trayecto, puedes observar cómo el cuerpo se mantiene en alerta leve, atento a los semáforos, al ritmo del tráfico, al deseo de control. No hay amenaza real, solo la persistencia del hábito. En ese instante, comprender cómo el cerebro decide no es teoría: es evidencia. La amígdala busca protección, la prefrontal busca sentido. Y entre ambas, el cuerpo negocia lo posible.

Cambiar no siempre implica grandes decisiones; a veces empieza en ese punto mínimo donde te atreves a tomar una calle diferente, aun cuando una parte de ti quiera regresar.

Neuropráctica: La incomodidad como puerta

Elige una acción cotidiana que hagas casi sin pensar: abrir una puerta, cruzar los brazos, tomar el teléfono, cepillarte los dientes. Observa cómo la realizas normalmente, sin modificar nada. Nota la postura, la velocidad, la respiración. Es tu manera habitual, automática, eficaz.

Ahora, hazla de otra forma. Usa la mano contraria, cambia el orden o la postura. Siente la incomodidad inicial, la torpeza, la impaciencia. Es la amígdala reaccionando al cambio: interpreta lo diferente como error. Permanece un momento dentro de esa sensación, sin corregirla. Respira y continúa el movimiento lentamente.

Verás que el cuerpo intenta volver a su patrón anterior. No lo juzgues: solo reconoce el impulso. Luego, repite el nuevo gesto una vez más, pero con atención. Nota que la incomodidad disminuye un poco. Eso que sientes —la leve expansión después de la tensión— es la corteza prefrontal reescribiendo la experiencia. El cerebro está aprendiendo a tolerar lo nuevo.

Cuando termines, quédate unos segundos quieto. Percibe el eco de la práctica: el cuerpo más disponible, la mente más alerta. Comprende que el cambio no empieza en los grandes propósitos, sino en el instante en que el cuerpo acepta moverse distinto, aunque sea un milímetro. Esa es la conversación invisible entre la emoción que protege y la conciencia que elige avanzar.

"Solo cuando el cuerpo se siente seguro, la mente se atreve a imaginar un futuro distinto".

-Rebeca Carey

Estrés, Miedo Y Autoprotección: El Cerebro Que Se Defiende

El miedo es una forma de inteligencia antigua. No razona, reacciona. No se origina en el pensamiento, sino en la memoria biológica que vela por la supervivencia. Su función es prever la amenaza antes de que ocurra, incluso si esa amenaza solo existe como posibilidad. Por eso, el miedo no es un defecto del alma, sino un reflejo de la vida que intenta preservarse.

Cada vez que el entorno cambia, el cerebro compara lo nuevo con lo ya conocido. Si la memoria emocional asocia esa novedad con pérdida, dolor o riesgo, la amígdala se activa. En milésimas de segundo, envía una señal al hipotálamo, que a su vez estimula las glándulas suprarrenales. Se libera una descarga de cortisol y adrenalina; el corazón se acelera, la sangre se redistribuye, la atención se estrecha. Todo el organismo se prepara para actuar. Esta secuencia, diseñada para salvarnos, se vuelve costosa cuando el peligro no es real, sino simbólico.

El cambio interior, por ejemplo, despierta las mismas rutas que el miedo físico. Lo desconocido activa en el cuerpo la misma química que un depredador: tensión, hipervigilancia, deseo de control. El sistema nervioso interpreta la transformación como una amenaza a la continuidad del yo. No distingue entre el cambio que destruye y el cambio que libera.

Con el tiempo, esa respuesta puede volverse habitual. Si el cuerpo se ha visto expuesto repetidamente a la pérdida, al juicio o al rechazo, la red de alerta permanece encendida aun en contextos seguros. Entonces el miedo ya no protege: gobierna. El estrés se vuelve la manera silenciosa de existir. En ese estado, la energía mental se destina a anticipar el peligro. La atención se vuelve selectiva —busca señales de riesgo en lugar de oportunidades—. La memoria emocional domina la percepción. El cerebro no responde a lo que sucede, sino a lo que recuerda.

Vivir en estrés es vivir en un presente colonizado por el pasado.

Bajo la influencia prolongada del cortisol, las neuronas del hipocampo —encargadas de contextualizar y diferenciar el tiempo— se deterioran, y la amígdala amplifica su poder. Así, lo que fue se confunde con lo que es. Un gesto, un tono de voz o una situación nueva pueden despertar la antigua alarma. El cuerpo no sabe que ya está a salvo.

El estrés no solo altera la fisiología: fragmenta la conciencia. Cuando el sistema nervioso se mantiene en modo defensivo, la mente pierde acceso a la creatividad, a la empatía y al aprendizaje. La conexión social se interrumpe, porque el cuerpo en amenaza no busca vínculo, busca salida. Las relaciones humanas también se resienten: escuchar, comprender, confiar requieren un sistema regulado. Por eso el miedo sostenido a veces se manifiesta como aislamiento o aparente frialdad. El cuerpo no está cerrado al mundo: está ocupado sobreviviendo.

Diversos investigadores han explorado cómo esta dinámica defensiva se organiza en el cuerpo. LeDoux demostró que el miedo no es una emoción única, sino una familia de respuestas que surgen antes de la conciencia, impulsadas por circuitos subcorticales que buscan preservar la vida. Damasio amplió esa visión al mostrar que toda emoción tiene una raíz somática: el cuerpo evalúa y actúa antes de que el pensamiento intervenga. Bessel van der Kolk llevó esta comprensión al terreno del trauma, señalando que las memorias no resueltas permanecen inscritas en el sistema nervioso como huellas fisiológicas de autoprotección. Y Stephen Porges, con su teoría polivagal, explicó que solo cuando el cuerpo percibe seguridad —a través de la respiración, la mirada o el tono de voz— el sistema puede volver a la calma.

Estas perspectivas coinciden en un mismo punto: el miedo no es una falla de la mente, sino una forma del cuerpo de cuidar lo que reconoce como vida.

Sin embargo, el mismo sistema que activa la defensa posee la capacidad de desactivarla. El nervio vago, principal vía del sistema parasimpático, conecta el cerebro con el corazón, los pulmones y el rostro. Cuando respiramos lento y profundo, cuando sentimos contacto o miramos con atención tranquila, enviamos al cerebro un mensaje que contradice la alarma: no hay peligro ahora. Esa es la base biológica de la calma.

Educar la defensa significa reentrenar esta comunicación interna. La mente no puede convencer al cuerpo solo con palabras, pero el cuerpo puede enseñarle a la mente a percibir seguridad. Cada exhalación pausada, cada gesto de ternura o de contacto sincero, activa la red de descanso y reparación. El miedo no desaparece: cambia de función. Pasa de ser un muro a ser una frontera móvil que se desplaza con cada acto de conciencia.

En este sentido, el miedo no es un obstáculo, sino una puerta. Su presencia marca el umbral de algo que pide expansión. El cuerpo, al sentirlo, no nos traiciona: nos anuncia que estamos en el límite entre lo que conocemos y lo que podríamos llegar a ser. Aprender a leer esa señal con compasión transforma el miedo en guía. Comprender la defensa es el primer paso para no vivir defendiéndose.

Y entonces, la pregunta cambia. Ya no se trata de preguntarnos "¿cómo elimino el miedo?", sino "qué parte de mí necesita sentirse acompañada para avanzar". No es "cómo dejo de sentir esto", sino "qué me está intentando mostrar mi cuerpo al reaccionar así". Porque el miedo no se vence: se comprende. Y cada vez que elegimos escucharlo sin rendirle obediencia, el cerebro aprende que la seguridad también puede habitar el cambio.

"No es la ausencia del miedo lo que libera, es la confianza que se obtiene al atravesarlo".

-Rebeca Carey

Ejemplo aplicado: El cuerpo que se adelanta

Durante una práctica corporal, el cuerpo intenta un movimiento nuevo. Es mínimo: un giro, una extensión distinta, un paso que no ha hecho antes. Pero justo antes de realizarlo, algo se contrae. La respiración se suspende, los músculos se tensan, los pensamientos se adelantan al posible error. No hay riesgo físico, solo la memoria del riesgo. Lo que se activa no es el cuerpo que se mueve, sino el cuerpo que recuerda. El sistema nervioso interpreta la novedad como amenaza y detiene la acción antes de que ocurra. No se trata de flojera ni de falta de voluntad: es protección. El organismo prefiere detenerse antes que exponerse al dolor.

Al repetir el gesto con más lentitud, algo cambia. El movimiento sucede, esta vez sin resistencia. El cuerpo descubre que puede hacerlo sin lastimarse, que lo desconocido no siempre hiere. En ese instante se abre un aprendizaje: el miedo deja de dirigir, la confianza toma forma. Así, lo que parecía una mínima variación física se convierte en una reconfiguración profunda. El sistema nervioso comprende que la seguridad no depende de evitar el movimiento, sino de hacerlo consciente.

Neuropráctica: La calma en lo desconocido

Busca un lugar donde puedas moverte libremente, sin necesidad de silencio absoluto. No se trata de aislarte del entorno, sino de habitarlo de otra manera. Permanece de pie. Observa el peso de tu cuerpo sobre el suelo y cómo se distribuye. Nota si hay partes que se apoyan más que otras. No intentes corregir nada. Solo reconoce el modo en que el cuerpo se prepara para sostenerse.

Ahora, elige un gesto simple que no forme parte de tu rutina: girar los brazos en sentido contrario, caminar con un ritmo distinto, cerrar los ojos por unos segundos mientras das un paso. Hazlo despacio. Atiende la reacción inmediata: la tensión, la duda, el impulso por controlar. Esa es la defensa, no la combatas, solo mírala actuar.

Permanece unos segundos en esa sensación de incertidumbre, luego, suaviza el gesto, respira sin esfuerzo. Mientras lo haces, pregúntate qué parte del cuerpo se niega a avanzar y cuál está dispuesta a confiar. No busques una respuesta mental; deja que el cuerpo la exprese por sí mismo.

Repite el movimiento una vez más, pero esta vez con curiosidad, no con control. Permite que el cuerpo encuentre su propio ritmo. Tal vez notes que la tensión se disuelve sin que tú lo órdenes. Esa es la señal de que el sistema nervioso empieza a reconocer el cambio como seguro.

La práctica termina cuando el cuerpo lo indica: cuando sientas un pequeño alivio, una respiración más amplia o una sensación de presencia. No se trata de vencer la defensa, sino de enseñarle al cuerpo que lo nuevo puede ser un territorio habitable. Cada vez que te atreves a moverte desde la calma, en lugar de desde el miedo, el cuerpo aprende que el futuro también puede sentirse seguro.

Autosabotaje: Por Qué La Mente Prefiere Lo Conocido

El autosabotaje no es un accidente ni una simple confusión emocional. Es una estrategia interna que combina memoria, biología y carácter. El cerebro lo ejecuta cada vez que interpreta el cambio como un riesgo mayor que la permanencia. La mente lo racionaliza como prudencia; el cuerpo lo traduce en inacción. Y entre ambos construyen una falsa sensación de control que reemplaza al avance.

El impulso de sabotearse nace de una ecuación elemental: lo conocido es más seguro que lo incierto. La mente no evalúa en términos de verdad o beneficio, sino de previsibilidad. En un nivel fisiológico, el cerebro está diseñado para mantener la homeostasis: un rango estable de sensaciones que asegure continuidad. Lo nuevo rompe esa estabilidad. Por eso, frente a una oportunidad de cambio, el sistema reacciona como si enfrentara una amenaza real. Aun cuando el contexto sea positivo —una mejora, una posibilidad, una apertura—, la respuesta inicial es defensa.

Damasio ha mostrado que el organismo busca preservar su equilibrio antes que experimentar placer o crecimiento. Esa preferencia biológica se traduce, en la vida cotidiana, en una tendencia a repetir lo que no funciona simplemente porque se reconoce. LeDoux lo explicó con precisión: los circuitos del miedo se activan más rápido que los de la reflexión, y bloquean la acción antes de que la conciencia intervenga. Por eso, quien se autosabotea no siempre lo decide; muchas veces, solo obedece una instrucción grabada en el cuerpo.

Pero hay otra parte del fenómeno que sí involucra decisión. La voluntad no es una idea abstracta: es un músculo neuronal. Se fortalece con la práctica y se debilita con la evasión. La mente que no ejerce su capacidad de dirigir la atención queda sujeta a las inercias del sistema límbico, que privilegia el corto plazo y la conservación de energía. Por eso, el autosabotaje también revela un defecto: la falta de entrenamiento de la voluntad, esa función ejecutiva que convierte la intención en acto.

Quien no cultiva la voluntad deja el timón en manos de la reacción.

En términos conductuales, el cerebro refuerza todo aquello que genera sensación de familiaridad. La dopamina, el neurotransmisor que regula la motivación, no premia lo correcto, sino lo predecible. Cada vez que la mente repite un patrón, aunque sea autodestructivo, el sistema de recompensa lo consolida. La costumbre, entonces, se confunde con identidad. Por eso el autosabotaje no solo interrumpe la acción: se convierte en parte de la estructura del yo. Una persona puede reconocerse más en su postergación que en su logro, más en su duda que en su avance. Cambiar implicaría, en ese caso, dejar de ser quien se ha sido, y esa pérdida de referencia es percibida por el cerebro como una amenaza de disolución.

Lisa Feldman Barrett sostiene que el cerebro no responde al presente, sino a sus propias predicciones. Cada vez que una experiencia contradice la historia emocional almacenada, la mente busca corregir el error volviendo a lo que encaja con su modelo previo. Esa tendencia a confirmar lo que ya se cree mantiene al individuo atrapado en un bucle de coherencia interna. Por eso, el autosabotaje no es una falla del pensamiento, sino su exceso: un intento por sostener una versión del mundo que ya no es cierta, pero sigue resultando segura.

Desde un punto de vista psicológico, el autosabotaje tiene su propio lenguaje. No siempre se presenta como miedo explícito; puede aparecer como ironía, desinterés, racionalización o perfeccionismo. La mente aprende a disfrazar su resistencia con argumentos sofisticados: "no es el momento", "todavía no estoy listo", "necesito entender más antes de actuar". Detrás de cada excusa opera la misma dinámica: la preservación del statu quo. El sistema cognitivo fabrica justificaciones para proteger su equilibrio emocional. Lo hace sin malicia, pero con eficacia.

En el plano del carácter, el autosabotaje revela el nivel de cohesión entre pensamiento, emoción y acción. La falta de voluntad no es simple debilidad moral: es una desconexión entre intención y ejecución.

El carácter fuerte no se define por la ausencia de miedo, sino por la capacidad de sostener una decisión a pesar de él. Cuando esa capacidad se pierde, el individuo cede su autoridad interna y delega el mando a los impulsos más antiguos de su biología. En ese punto, el autosabotaje deja de ser una reacción del cuerpo y se convierte en un estilo de vida.

Superar este mecanismo no requiere indulgencia, sino lucidez. El cerebro puede desaprender sus atajos, pero solo si la conciencia los interrumpe antes de que se automaticen. Nombrar el patrón lo debilita; sostener la acción lo reconfigura. El miedo no desaparece, pero pierde su rango de mando. Actuar en su presencia es el modo más directo de entrenar la voluntad. El cambio, en ese sentido, no depende de inspiración ni de comprensión emocional: depende de disciplina. La mente deja de sabotearse cuando deja de necesitar la garantía del resultado y empieza a confiar en la constancia del intento.

La preferencia por lo conocido es una herencia evolutiva; permanecer en ella es una elección. Cada vez que se posterga una decisión, se refuerza la red que asocia calma con pasividad. Cada vez que se actúa, aunque sea con duda, se reescribe esa red. El cerebro aprende por repetición, y la voluntad también.

Kelly McGonigal ha mostrado que la fuerza de voluntad no es un atributo moral, sino una función cerebral que puede entrenarse. Su investigación demuestra que la atención sostenida y la acción deliberada fortalecen los circuitos que inhiben la impulsividad. Carol Dweck coincide al señalar que la forma en que se interpreta el error determina la continuidad o el estancamiento del aprendizaje: quienes ven el error como amenaza refuerzan la defensa; quienes lo entienden como ajuste, amplían su flexibilidad mental. En esa misma línea, Susan David advierte que la rigidez emocional —la necesidad de sentirse siempre seguro o en control— es una de las causas principales de la parálisis interna. Desde distintas perspectivas, todas ellas coinciden en un punto: la mente puede aprender a no sabotearse, pero solo cuando asume la incomodidad como parte natural del crecimiento.

Por eso, la libertad no se conquista entendiendo el autosabotaje, sino ejercitando la acción contraria a su impulso.

El conocimiento explica; la práctica transforma y en esa distancia —entre lo que se sabe y lo que finalmente se hace— se mide el verdadero cambio.

"El autosabotaje es la fidelidad a lo conocido, aun sabiendo que ya no te sostiene".

-Rebeca Carey

Ejemplo aplicado: La comodidad del aplauso antiguo

Imagina que intentas dejar atrás una versión de ti mismo que se acostumbró a la gratificación inmediata: las noches sin propósito, los vínculos superficiales, la aprobación constante de quienes —de distintas maneras— sostenían ese modo de vivir. Algunos lo celebraban, otros lo toleraban, y algunos simplemente callaban. No todos aplaudían tus excesos, pero nadie los confrontaba. En su silencio o en su complicidad, el entorno construyó un espacio donde tu desorden parecía natural, casi esperado.

Sabes que esas conductas te alejan de la vida que anhelas construir, pero sigues reuniéndote con las mismas personas que, en su momento, validaron tu desconexión. Lo familiar se siente seguro, incluso cuando te impide avanzar. Parte de ti teme dejar de pertenecer si cambia. Temes ser visto como alguien distinto —y que la distancia duela más que el error. Así, la mente racional dice que deseas transformarte, pero el cuerpo busca el calor conocido de la validación. Lo familiar pesa más que lo coherente.

El autosabotaje no es una distracción inocente: es la forma en que el miedo se disfraza de lealtad. Sostener viejas dinámicas, aun sabiendo que te dañan, es traicionar tu propio crecimiento. Cada vez que eliges lo conocido por encima de lo verdadero, refuerzas el límite que tú mismo colocas entre quien eres y quien podrías llegar a ser. Y lo más silencioso —pero también lo más corrosivo— es que permanecer en el mismo entorno no solo detiene tu evolución, sino que alimenta la versión de ti que luchas por superar. En esa comodidad del aplauso antiguo se adormece el cambio y se perpetúa la herida.

Neuropráctica: Romper la lealtad invisible

Piensa en un lugar o grupo al que sigues volviendo, aunque sepas que ahí nada cambia. Tal vez sea un grupo de amigos, una relación o un ambiente familiar donde las mismas dinámicas se repiten una y otra vez. Observa qué parte de ti se acomoda en ese espacio: ¿la que busca calma, pertenencia o simplemente la costumbre de ser quien eras ahí?

Imagina que por un tiempo decides no asistir. No contestas los mensajes, no vas a las reuniones, no participas en las conversaciones. Solo unos días. Nota qué ocurre dentro de ti: ¿aparece ansiedad, miedo a que te olviden, una sensación de vacío? No te defiendas de eso. Es el eco de una lealtad emocional, no de una elección libre.

Ahora visualiza cómo sería tu vida si ese ambiente no existiera. ¿Qué harías con el tiempo y la energía que hoy gastas sosteniendo vínculos que no te permiten crecer? ¿Qué hábitos desaparecerían contigo si dejaras de estar ahí?

Si sientes resistencia, no la juzgues. El cerebro siempre prefiere lo conocido, incluso cuando duele. Pero también aprende con lo nuevo. Cada día lejos de ese entorno es una actualización de tu identidad: un recordatorio de que puedes existir sin el permiso de lo que alguna vez te definió.

Para cerrar, hazte esta pregunta en voz baja: "¿Estoy eligiendo este entorno o sigo cumpliendo una lealtad que ya no me representa?" Respira y guarda silencio. No busques respuesta inmediata; basta con que empieces a notar cuándo tu entorno te devuelve al punto donde ya habías logrado salir.

Entrenar La Mente Para Habitar La Incomodidad

Toda transformación profunda atraviesa un territorio de incertidumbre. Entre lo que se deja atrás y lo que aún no se consolida, hay un espacio vacío que casi siempre incomoda. Ese vacío no es castigo ni error: es la antesala de la reconfiguración. Sin embargo, la mayoría de las personas abandona justo ahí. No porque no sepan lo que quieren, sino porque su mente —entrenada durante años para asociar bienestar con control— no tolera la pérdida de familiaridad que implica el cambio.

Habitar la incomodidad no significa resistir el dolor, sino aprender a ampliar la capacidad de estar presente mientras algo dentro de ti se reorganiza. El cerebro humano está diseñado para evitar lo incierto: la amígdala y la ínsula reaccionan ante cualquier señal de disonancia, liberando adrenalina y cortisol, preparando al cuerpo para escapar o atacar. En términos biológicos, toda amenaza —real o simbólica— se procesa del mismo modo. Pero la conciencia tiene un margen de libertad que el instinto no posee: puede reinterpretar la señal, reconocer que el peligro no siempre es físico, sino emocional o evolutivo. En ese reconocimiento comienza el entrenamiento.

La incomodidad es la frontera entre la identidad antigua y la identidad en construcción. Cuando aparece, el impulso más primario es regresar a lo conocido, incluso si lo conocido duele. Esa es la lógica del sistema límbico: elegir lo predecible por encima de lo saludable. Pero en la corteza prefrontal habita otra posibilidad: regular la respuesta automática y mantener la acción coherente a pesar del malestar. Cada vez que lo logras, el cerebro actualiza su mapa de seguridad: deja de registrar el esfuerzo como amenaza y empieza a registrarlo como crecimiento.

Entrenar la mente para habitar la incomodidad implica educar la percepción. Lo que llamamos "incertidumbre" no es otra cosa que una falta de narrativa: un lapso en el que la experiencia todavía no ha sido traducida por la conciencia. Y ese vacío narrativo produce ansiedad porque el cerebro necesita explicar lo que siente para sentirse a salvo. Cuando aprendes a observar el malestar sin etiquetarlo de inmediato, se activan circuitos distintos: se fortalece la corteza cingulada anterior, que permite sostener la atención en medio del conflicto; y se reduce la reactividad límbica, lo que abre un espacio interno de estabilidad.

La incomodidad no es el enemigo del bienestar, es su condición previa. El desarrollo humano no avanza por acumulación de placer, sino por ampliación del umbral de tolerancia al desorden. Cada aprendizaje nuevo desestabiliza el sistema momentáneamente; cada decisión coherente con una versión más madura de ti exige una ruptura con los patrones que sostenían la anterior. Por eso, las personas emocionalmente más estables no son las que evitan el malestar, sino las que aprenden a moverse dentro de él sin disociarse.

El cuerpo es el escenario donde se entrena esa habilidad. Respiración acelerada, tensión muscular, palpitaciones: todos son indicadores de que el sistema nervioso está trabajando en una zona de expansión. Evitarlos sería negar el proceso; escucharlos sin dramatizarlos, en cambio, permite regularlos. Cada vez que el cuerpo atraviesa una oleada de incomodidad sin colapsar, fortalece la conexión entre la corteza prefrontal y el sistema autónomo. Lo que antes era una señal de amenaza, se convierte en una señal de poder.

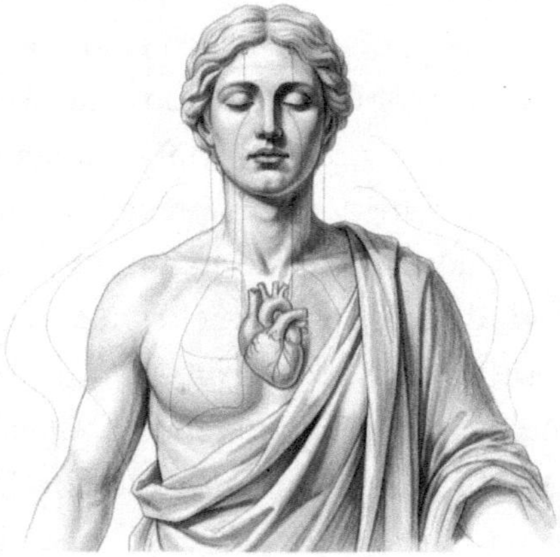

Habitar la incomodidad también exige reconfigurar la idea de éxito. El cambio no siempre se siente bien. De hecho, la mente interpreta los avances más significativos como pérdida: pérdida de identidad, de pertenencia, de control. El ego se resiste a morir, incluso cuando esa muerte es simbólica. Pero si el proceso se sostiene el tiempo suficiente, el cerebro se adapta: la plasticidad neuronal reemplaza el miedo con familiaridad, y la incomodidad que antes dolía empieza a sentirse como hogar.

Con el tiempo, la mente entrenada en la incomodidad desarrolla una cualidad distinta: ecuanimidad. Ya no busca eliminar lo desagradable, ni aferrarse a lo agradable; observa ambos estados como parte del mismo flujo. Esa ecuanimidad no es frialdad ni desapego: es un tipo de presencia que nace del reconocimiento de la transitoriedad. Entiendes que nada permanece, y que esa inestabilidad no es amenaza, sino espacio de creación.

Habitar la incomodidad, en última instancia, es habitar la vida. Todo crecimiento implica fricción. Todo cambio real implica pérdida. Pero también toda pérdida abre un nuevo campo de posibilidades. El entrenamiento consiste en aprender a no huir del fuego mientras se convierte en luz. Solo desde ahí, la mente madura deja de buscar consuelo y empieza a buscar conciencia.

Diversos autores han explorado esta capacidad de sostener el malestar como una función esencial del desarrollo emocional y cognitivo. Antonio Damasio describió cómo las sensaciones corporales del malestar son la base misma del pensamiento consciente: el cuerpo percibe primero, la mente interpreta después. Lisa Feldman Barrett amplió esta visión al demostrar que las emociones no son impulsos automáticos, sino construcciones que pueden reentrenarse según el contexto y la interpretación. McGonigal propuso que la voluntad no se fortalece al evitar el esfuerzo, sino al reformular la incomodidad como evidencia de progreso, un principio coincidente con la teoría de la mente compasiva de Kristin Neff, que entiende el dolor como parte natural del aprendizaje humano. Judson Brewer, desde la neurociencia de la atención plena, evidenció que al observar el malestar sin intentar suprimirlo se reduce la actividad del circuito de recompensa que sostiene los hábitos compulsivos. Y Roy Baumeister mostró que la autorregulación efectiva no surge de la represión, sino del diseño consciente de condiciones que hagan posible resistir el impulso sin desgastar la energía mental.

En conjunto, estas perspectivas confluyen en una verdad sencilla: la incomodidad es la señal biológica del crecimiento. Rehuirla debilita; sostenerla con presencia reconfigura la mente.

"La mente madura no evita la incomodidad: la usa como frontera para expandirse".

-Rebeca Carey

Ejemplo aplicado: El umbral del silencio

Después de meses de esfuerzo constante, llega el punto donde nada parece avanzar. Has hecho lo que corresponde: lees, practicas, piensas distinto, pero algo dentro de ti se siente inmóvil. Cada día repites los nuevos hábitos con precisión casi mecánica, sin embargo, no aparece la sensación de cambio. Ese es el instante donde la mente busca una excusa para abandonar. La incomodidad ya no se manifiesta como caos, sino como vacío: un silencio que parece decir "esto no sirve".

Es ahí donde el entrenamiento empieza. No en los días de motivación, sino en los días sin evidencia. El cuerpo se impacienta; la mente exige resultados inmediatos. Quieres volver a lo que conoces: a la distracción, al ruido, al viejo patrón que al menos te hacía sentir algo. Pero si logras quedarte, si permaneces sin buscar alivio, ocurre un ajuste imperceptible: el sistema nervioso comienza a reconocer que la incomodidad no es amenaza, sino tránsito.

Ese umbral —entre lo que ya no eres y lo que aún no se consolida— es el terreno más fértil del cambio. Si huyes, vuelves al inicio; si permaneces, la mente se reorganiza. Con el tiempo, aprendes que la calma no siempre es placer: a veces es solo la pausa antes del crecimiento. Lo que antes llamabas vacío se convierte en espacio. Lo que antes dolía, ahora sostiene.

Entrenar la mente para habitar la incomodidad no consiste en disfrutarla, sino en comprenderla. La incomodidad no llega para castigarte, sino para mostrarte que algo dentro de ti está dejando de resistirse. Cada vez que permaneces, el viejo yo se debilita un poco más, y el nuevo encuentra su forma. No hay ruido, ni euforia, ni premio inmediato: solo una presencia lúcida que empieza a volverse natural.

Neuropráctica: Permanecer en el punto medio

Elige un momento del día en el que suelas sentir impaciencia, cansancio o una ligera incomodidad. No intentes modificarlo ni buscar alivio inmediato. Tampoco te distraigas: no tomes el teléfono, no busques conversación, no llenes el silencio con actividad.

Solo detente y permanece contigo unos minutos. Cierra los ojos y dirige la atención hacia esa sensación que normalmente intentas evitar: el nudo en el pecho, la presión en el estómago, el ruido mental que exige moverte hacia otra cosa. Quédate ahí, sin resolver, sin huir. Solo respira y permite que el malestar tenga un lugar dentro de ti.

Percibe cómo cambia la sensación cuando no la interrumpes. Tal vez se intensifique, tal vez se disuelva o se transforme en otra cosa.

No la analices, no la nombres, solo sé testigo y, en medio de ese silencio, hazte una pregunta sencilla: ¿Qué está tratando de enseñarme esta sensación? No esperes una respuesta inmediata. Basta con escuchar lo que aparece: una palabra, una imagen, una memoria. No importa si es confusa; el cuerpo siempre sabe antes que la mente.

Al terminar, escribe lo que hayas percibido. No como un reporte, sino como un registro íntimo de conciencia. Describe brevemente qué sentiste, qué pensamiento emergió y cómo cambió la intensidad del malestar cuando decidiste permanecer. Durante varios días, repite este mismo gesto en distintos momentos de incomodidad —mientras esperas, cuando te invade la frustración o cuando el silencio parece insoportable—.

El propósito es entrenar al sistema nervioso para permanecer lúcido dentro de la incomodidad. Con el tiempo notarás que algo cambia: la mente deja de huir, el cuerpo ya no interpreta el malestar como amenaza, y una calma más profunda comienza a instalarse debajo del ruido. Habitar la incomodidad no es rendirse; es aprender a sostener el fuego sin convertirlo en incendio.

CAPÍTULO V

Neurocoherencia Y Sincronización

Cerebro, Corazón Y Cuerpo: Un Mismo Lenguaje Eléctrico

Antes de que una emoción se vuelva palabra, ya existe en el cuerpo una oscilación eléctrica que define su forma. Ese movimiento primario —imperceptible para los sentidos, pero evidente para el sistema nervioso— es la primera traducción del mundo interno. Cada pensamiento, cada impulso y cada gesto nace sobre esa corriente silenciosa. No hay una sola decisión que no esté sostenida por ella. El organismo, en su complejidad, se orienta siempre desde allí: desde un pulso que articula la vida antes de que la mente intente comprenderla.

Durante mucho tiempo se creyó que el cerebro era el único centro de procesamiento, un director que ejecutaba órdenes sin considerar la información que provenía del resto del cuerpo. Hoy sabemos que esta visión es incompleta. La neurociencia contemporánea describe una organización más fina: la mente es un sistema distribuido que se construye a partir de la integración continua entre señales cardíacas, respiratorias, viscerales y corticales. El pensamiento es una consecuencia, no un origen. La emoción es un mensajero, no un obstáculo. Y el cuerpo es una antena permanente que registra cambios mucho antes de que la conciencia sepa que algo ocurre.

El corazón ocupa un lugar central en esta arquitectura. Posee un sistema neuronal propio capaz de generar patrones eléctricos que no dependen del cerebro. La variabilidad de su ritmo —un parámetro tan sutil como decisivo— refleja el estado de regulación del sistema nervioso autónomo. Una variabilidad alta indica flexibilidad, adaptabilidad y una capacidad refinada para volver al equilibrio después de una perturbación. Una variabilidad baja señala defensa, contracción y la tendencia del organismo a prepararse para la amenaza. No es un asunto emocional: es una lectura fisiológica del entorno.

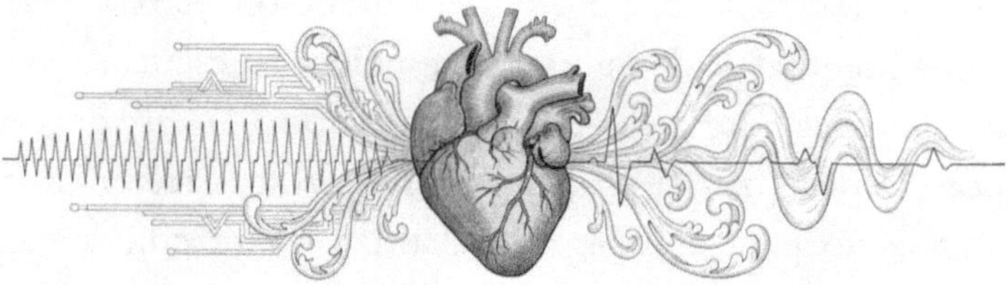

La respiración acompasa esta dinámica. Cada inhalación activa ligeramente el sistema simpático; cada exhalación favorece la influencia parasimpática. En esa danza constante se define la manera en que el organismo interpreta la realidad. Cuando la respiración es irregular, el corazón replica esa irregularidad y el cerebro responde con un patrón atencional fragmentado. Cuando la respiración encuentra un ritmo profundo y sostenido, el corazón entra en coherencia y la actividad cortical adquiere estabilidad. La mente no se calma por voluntad: se organiza porque el cuerpo le ofrece un terreno ordenado.

La ínsula, el cíngulo anterior y la corteza prefrontal integran esta información en forma de interocepción: una inteligencia que nace de la percepción íntima del estado interno. La ínsula registra las sensaciones viscerales; el cíngulo evalúa su relevancia emocional; la corteza prefrontal decide cómo responder. Este circuito convierte lo que ocurre en el cuerpo en experiencia consciente. Sin él, la emoción sería ruido. Con él, se vuelve mensaje.

La coherencia fisiológica aparece cuando estos sistemas se sincronizan. No es un estado de quietud, sino de precisión. El cuerpo deja de reaccionar por fragmentos, la emoción se vuelve legible y el pensamiento deja de perseguir explicaciones. La coherencia es la forma más eficiente de inteligencia biológica: un punto en el que el organismo puede sentir sin desbordarse y pensar sin desconectarse.

Cuando cerebro, corazón y cuerpo hablan un mismo lenguaje eléctrico, aparece una lucidez particular: una percepción más amplia del instante, una dirección interna más estable y una capacidad mayor para sostener decisiones conscientes. No es un estado místico, ni una abstracción psicológica. Es un patrón medible, reproducible y entrenable. Un orden profundo que la biología activa cuando la mente deja de interferir y comienza a escuchar.

La coherencia interna es, en última instancia, la base del cambio. No porque produzca calma, sino porque restablece la capacidad del organismo para percibir con claridad, elegir con precisión y actuar sin dividirse. Es el punto donde la vida interna deja de dispersarse y empieza a alinearse hacia una misma dirección.

Las bases de esta integración entre cuerpo, emoción y regulación cortical han sido ampliamente descritas por la neurociencia afectiva y los estudios contemporáneos sobre interocepción. Investigadores como Damasio han mostrado que los llamados marcadores somáticos constituyen el eje de la toma de decisiones, al demostrar que el cuerpo se adelanta a la conciencia para orientar la mente. LeDoux, desde la neurobiología del miedo, evidenció la rapidez con la que la amígdala modula la percepción incluso antes de que intervenga la cognición deliberada. A ello se suma la investigación de Richard Davidson, quien ha documentado cómo los estados emocionales y las prácticas que entrenan la estabilidad interna modifican la actividad prefrontal y la conectividad entre regiones implicadas en regulación y atención. En conjunto, estos hallazgos sostienen la idea de que la coherencia fisiológica no es una metáfora espiritual, sino un fenómeno biológico observable: un diálogo continuo entre corazón, vísceras y corteza que define la claridad mental y la flexibilidad emocional.

"La mente no puede ser clara si el cuerpo permanece en silencio; toda comprensión es incompleta mientras ignore la fisiología que la sostiene".

-Rebeca Carey

Ejemplo aplicado: Coherencia interrumpida

Layla llega a su escritorio después de subir las escaleras. No viene alterada ni preocupada; solo apresurada. Quiere retomar la lectura de un artículo denso que había dejado a la mitad. En apariencia, nada debería impedirle concentrarse.

Abre el documento, lee la primera línea y nota algo desconcertante: las ideas no se ordenan. Las palabras parecen más pesadas, como si tuviera que empujarlas para que signifiquen algo. Intenta de nuevo. Se inclina hacia la pantalla. La atención se dispersa. La mente quiere avanzar, pero no logra aferrarse al contenido.

No es falta de interés, ni cansancio. Es un ritmo fisiológico que aún no ha regresado a su estado basal.

Su respiración continúa elevada por el esfuerzo previo, manteniendo un patrón que el cuerpo interpreta como necesidad de acción. El corazón acompaña ese ritmo durante unos segundos más, y mientras lo hace, la corteza prefrontal trabaja con menos precisión. No porque Layla esté inquieta, sino porque su fisiología sigue en movimiento, aunque ella ya se haya detenido.

Solo cuando su respiración encuentra una exhalación más profunda —sin que ella lo note— el ritmo comienza a estabilizarse. El corazón ajusta su frecuencia con un pulso más regular, y la mente recupera una claridad que no dependía del texto, sino del estado interno desde el cual intentaba leerlo.

En ese pequeño ajuste, sin esfuerzo ni intención, el cuerpo vuelve a alinearse con la tarea y la comprensión, por fin, se vuelve posible.

Neuropráctica: Afinación del Ritmo Interno

Imagina durante unos instantes que tu corazón no es un órgano, sino un generador de ritmo: un punto de encendido que envía pulsos eléctricos con absoluta precisión. No necesitas sentirlos; basta con recordar que cada latido produce una señal que viaja por tu sistema como un mensaje que se repite miles de veces al día sin perder su orden. Permite que esta idea —solo la idea— se mantenga presente, como si escucharas un reloj cuyo tic no proviene del exterior, sino del interior.

Ahora dirige tu atención, no al cuerpo, sino al concepto de intervalo: ese pequeño espacio entre un latido y el siguiente, entre un pensamiento y el que lo sucede. La vida eléctrica del organismo sucede ahí, en esos microespacios donde la biología toma decisiones invisibles. Contempla mentalmente esa sucesión rítmica. No intentes reproducirla ni controlarla; simplemente sigue la marcha interna como quien observa una secuencia matemática que se despliega sola. Cada intervalo tiene una duración que tu mente no calcula pero que tu organismo ejecuta sin error.

Una vez que esta imagen del corazón como metrónomo interno esté clara, lleva tu reflexión al cerebro. Piensa en la corteza prefrontal —no en su forma física, sino en su función: el lugar donde se organiza la dirección de tu atención—. Visualiza por un instante que esta región escucha el ritmo cardíaco del mismo modo que un músico escucha la base sobre la que improvisa. No hay esfuerzo en esa escucha: solo coordinación natural. Permanece con esta metáfora unos segundos, sin intentar "sentir" nada, solo comprendiendo que toda toma de decisiones se apoya en una temporalidad que el corazón marca sin pedir permiso.

Ahora une ambas imágenes: el corazón marcando el compás y la corteza afinando la percepción en función de ese compás. No necesitas imaginar líneas de luz ni energía en movimiento; basta con reconocer que la coherencia ocurre cuando dos sistemas distintos respetan el mismo orden temporal.

Deja que esta idea se asiente como una constatación: tu organismo piensa y percibe siguiendo un ritmo que no construyes tú; lo construye tu biología.

Para cerrar, pregúntate mentalmente —sin buscar una respuesta sensorial— si tu atención se siente más ordenada, más dispersa o simplemente distinta. No importa cuál sea la respuesta. Lo esencial es haber reconocido que hay una arquitectura rítmica sosteniéndote. La coherencia comienza en esa comprensión: no en sentir el cuerpo, sino en recordar que tu vida interna responde a un compás que nunca deja de sonar.

Ritmo, Emoción Y Coherencia Fisiológica

La fisiología humana está gobernada por ritmos. No solo los que advertimos —el pulso, la respiración— sino también por oscilaciones invisibles que sostienen el equilibrio interno: fluctuaciones hormonales, ritmos circadianos, microoscilaciones neuronales y variaciones constantes del tono autonómico. Estos ritmos interactúan entre sí, creando un entramado dinámico que organiza la emoción. Comprender la emoción desde esta perspectiva significa reconocer que cada estado afectivo es, en esencia, un patrón temporal que emerge de la interacción continua entre cuerpo y cerebro.

El corazón, por su parte, no funciona como un mero motor mecánico. Es un oscilador bioeléctrico capaz de modular —a través de vías aferrentes— la actividad de estructuras profundas como el tálamo, el tronco encefálico y regiones prefrontales. La variabilidad de su ritmo, lejos de ser un indicador secundario, constituye uno de los reflejos más precisos de la estabilidad interna. Una variabilidad amplia señala flexibilidad fisiológica y disponibilidad para adaptarse a demandas cambiantes; una variabilidad restringida indica que el sistema se encuentra en modo de defensa, priorizando la supervivencia por encima de la apertura cognitiva.

La emoción altera este ritmo de manera inmediata. La activación simpática, necesaria en contextos de amenaza, produce un patrón rápido y fragmentado en el que el intervalo entre latidos se vuelve irregular. Esa irregularidad no solo refleja estrés: lo amplifica, porque la señal que asciende por el nervio vago hacia el tálamo y la corteza prefrontal se vuelve más ruidosa y menos predecible. El cerebro debe entonces dedicar mayor energía a filtrar información, reduciendo su capacidad para sostener atención, memoria de trabajo y pensamiento flexible. El estado emocional se vuelve así más reactivo, más impulsivo y menos capaz de sostener matices.

En contraste, los estados emocionales regulados —aquellos en los que predomina la calma focalizada, la gratitud suave o el interés sereno— generan patrones cardiacos relativamente estables. No es que el corazón lata más lento; es que late con una cadencia predecible, sincronizada con las oscilaciones respiratorias y con las señales eferentes del nervio vago ventral. Esta coherencia no implica inactividad, sino eficiencia: el sistema opera con menos esfuerzo, y la percepción se vuelve más nítida. El cerebro, liberado de la carga de monitorear el desorden interno, puede dedicarse a integrar información, tomar decisiones y sostener estados afectivos de manera más deliberada.

El ritmo cardiaco y el ritmo respiratorio mantienen una relación íntima conocida como arritmia sinusal respiratoria: durante la inhalación el corazón tiende a acelerarse, y durante la exhalación tiende a desacelerarse. Esta oscilación, normal y saludable, constituye un mecanismo natural de sincronización entre ambos sistemas. En estados de coherencia fisiológica, esta arritmia adquiere un patrón armónico, como si cada inhalación y cada exhalación ajustaran suavemente la señal autonómica. En estados de estrés, sin embargo, esta relación se fractura: la respiración se vuelve irregular y el corazón pierde la capacidad de acompasarse a ella. La emoción, desde esta perspectiva, puede entenderse como la calidad de la conversación entre ambos ritmos.

A nivel cerebral, este orden temporal se refleja en una modulación más fina de redes de control como la corteza prefrontal ventromedial y el cíngulo anterior. En estados de coherencia, estas regiones reciben señales vagales más estables, lo que contribuye a disminuir la reactividad límbica. La amígdala, privada del disparo constante de alerta, reduce su actividad, permitiendo que la persona experimente la emoción sin identificarse con ella. La regulación no surge de "controlarse", sino de un orden fisiológico que facilita la claridad cognitiva y la estabilidad afectiva.

La interrelación entre estos ritmos y la regulación emocional ha sido descrita de manera consistente por la neurociencia contemporánea. La teoría polivagal señala cómo el tono vagal ventral sostiene los estados de seguridad que permiten la sincronización entre corazón, respiración y corteza prefrontal; la investigación sobre interocepción demuestra que las señales viscerales moldean la percepción y la claridad cognitiva; y los estudios de neurobiología del miedo confirman que la amígdala reduce su hiperactivación cuando la señal interna recupera su orden. En esta convergencia, autores como Damasio, LeDoux, Craig y Davidson coinciden en algo esencial: la estabilidad emocional no depende solo de interpretar una experiencia, sino de la coherencia fisiológica que la sostiene.

La coherencia fisiológica influye de manera decisiva en la forma en que el organismo experimenta el tiempo. Bajo estrés, la percepción temporal se comprime: todo se vive como urgente, cercano y potencialmente amenazante. Cuando el sistema nervioso autónomo se estabiliza, en cambio, el tiempo se ensancha. Los estímulos se organizan con mayor perspectiva y la respuesta deja de estar dominada por la reactividad inmediata. Este ajuste ocurre, en parte, por la modulación rítmica del tálamo, que regula la entrada sensorial en función del estado metabólico y autonómico del cuerpo.

Comprender el papel del ritmo en la vida emocional implica abandonar la idea de que regular es contener o apagar. La regulación auténtica restituye un patrón interno que permite a la emoción desplegarse sin perder coherencia. Una vivencia intensa puede integrarse de manera funcional cuando se apoya en una base fisiológica ordenada; en ausencia de ella, incluso una activación leve puede resultar desbordante. No es la magnitud de la emoción lo que determina su impacto, sino el marco temporal y corporal que la sostiene.

Desde esta perspectiva, la coherencia fisiológica puede entenderse como una arquitectura interna que ofrece espacio a la experiencia emocional sin colapsar el sistema. Es una organización silenciosa, casi imperceptible, mediante la cual el cuerpo comunica al cerebro su capacidad de sostener lo que siente sin fragmentarse.

"La emoción se vuelve caótica cuando no encuentra un marco interno que la contenga".

-Rebeca Carey

Ejemplo aplicado: El agotamiento silencioso

Hay días en los que la emoción no duele, pero pesa. No hay un desencadenante claro, ninguna conversación difícil, ningún exceso de estímulos. Aun así, aparece un cansancio suave, persistente, como si algo dentro hubiera perdido la capacidad de sostener el día. La persona siente que está "agotada" sin poder explicar por qué. No es tristeza ni ansiedad: es una especie de opacidad afectiva, un descenso imperceptible de la vitalidad emocional.

Ese cansancio no surge de la mente, aunque la mente sea la que lo registra. Su origen está en una fisiología que perdió temporalmente la coherencia de su ritmo: el pulso se volvió más rígido o errático, la respiración dejó de acompasarse a él, y la variabilidad que sostiene la adaptación se estrechó sin que la persona lo advirtiera. El cuerpo entró en un modo silencioso de defensa, no por amenaza real, sino por desorden interno.

Cuando el orden rítmico se recupera —cuando el pulso retoma su cadencia, cuando la señal interna vuelve a ser estable, cuando la biología deja de anticipar peligros inexistentes— la emoción se aclara por sí sola. El cansancio se disipa sin necesidad de analizarlo, porque nunca fue psicológico; fue un reflejo de un sistema que había perdido temporalmente su armonía. La claridad emocional regresa como si hubiera estado esperando a que el ritmo volviera a organizarse. Y lo que antes parecía una desmotivación inexplicable se revela simplemente como un cuerpo que reclamaba orden para poder sentir de nuevo.

Neuropráctica: Rastreo del Tiempo Interno

Caminar es una acción cotidiana que suele hacerse sin atención, pero permite observar con claridad cómo se organiza el tiempo interno. Mientras avanzas unos metros, nota si el cuerpo intenta anticipar el siguiente paso antes de que el anterior haya terminado. A veces el peso no llega a apoyarse por completo y el movimiento ya está yendo hacia adelante.

Ese adelantamiento no tiene que ver con la velocidad, sino con la secuencia. Cuando los pasos se enciman, el tiempo interno también lo hace. El cuerpo se mueve como si necesitara llegar antes de estar, y esa prisa revela cómo se está estructurando la experiencia por dentro.

Continúa caminando y observa qué ocurre cuando permites que cada paso se complete antes de iniciar el siguiente. No para corregir el movimiento, sino para registrar la diferencia. El cambio no es emocional ni mental; es temporal. El tiempo deja de sentirse apretado y empieza a ordenarse solo.

Al observar la secuencia del movimiento sin intervenirla, el tiempo interno se vuelve perceptible. El cuerpo muestra si está adelantándose, fragmentando la experiencia o permitiendo que cada paso se complete. Cuando la secuencia se ordena, no por control sino por reconocimiento, la experiencia gana claridad. Rastrear el tiempo interno de este modo permite distinguir cuándo el presente se vive con continuidad y cuándo se transita desde la prisa, devolviéndole al sistema una referencia estable desde la cual responder.

Atención Plena Y Plasticidad Emocional

La atención es uno de los mecanismos más finos del sistema nervioso humano. No se limita a enfocar la mente en un punto, sino a organizar la experiencia en un orden comprensible. Cada vez que prestamos atención, el cerebro decide qué información conservar, qué descartar y qué interpretar como relevante. Este proceso ocurre en milisegundos y constituye el punto de partida de toda transformación emocional, porque la forma en que atendemos determina la manera en que sentimos y, por extensión, la forma en que respondemos.

La atención plena no es un estado de quietud mental, sino una forma de percepción lúcida que permite observar la experiencia antes de reaccionar a ella. Neurobiológicamente, esto implica una participación coordinada entre redes prefrontales encargadas de sostener la dirección atencional y sistemas subcorticales que asignan valor emocional. Cuando esta coordinación se mantiene, la mente tiene acceso a una visión más amplia: puede distinguir matices, registrar la aparición de una emoción antes de que se intensifique, y modular su impacto con una precisión que no surge del esfuerzo, sino del orden interno.

Este tipo de atención crea el contexto adecuado para la plasticidad emocional, entendida como la capacidad del sistema nervioso para modificar la arquitectura de sus respuestas afectivas. La plasticidad no depende únicamente de la repetición de nuevos aprendizajes, sino de la calidad del estado en el que esos aprendizajes ocurren. Una mente atrapada en la reactividad no puede consolidar nuevas rutas de regulación; está demasiado ocupada procesando señales de amenaza o urgencia. Por el contrario, una mente que observa con estabilidad ofrece al sistema nervioso la oportunidad de actualizar sus patrones sin la interferencia del impulso defensivo.

Cuando la atención se desorganiza, la emoción pierde su forma. Los estímulos se vuelven más intensos de lo que son, los pensamientos se encadenan sin orden, y la interpretación de la realidad se ve teñida por la lógica del estrés. Esta fragmentación no es un defecto personal; es la expresión de un sistema que perdió temporalmente su equilibrio fisiológico. Bajo esta condición, la plasticidad emocional se reduce, porque el cerebro prioriza la supervivencia por encima del aprendizaje. La atención deja de ser un puente y se convierte en una reacción.

Sin embargo, cuando la atención recupera su estabilidad, el cerebro entra en una modalidad distinta: una modalidad de apertura. Es en ese estado donde ocurre el "aprendizaje emocional fino", aquel que no surge de la repetición mecánica, sino de la observación profunda. En este tipo de atención se vuelve posible distinguir entre la emoción que aparece como eco del pasado y la emoción que nace del presente; entre la sensación que exige acción inmediata y la que solo requiere ser vista. Esta capacidad de diferenciar constituye una de las formas más avanzadas de plasticidad emocional: la mente deja de reaccionar en automático y comienza a responder con elección.

La relación entre atención plena y plasticidad emocional ha sido explorada de manera consistente en la neurociencia contemporánea. Diversas líneas de estudio han mostrado cómo la estabilidad atencional modula la actividad de regiones prefrontales implicadas en la regulación afectiva, y cómo la observación sostenida disminuye la reactividad de los circuitos límbicos encargados de la respuesta impulsiva. La literatura sobre interocepción ha señalado que la forma en que prestamos atención a la experiencia interna determina la calidad de la señal emocional que asciende hacia la corteza, mientras que los modelos de neurociencia afectiva han descrito cómo la presencia consciente genera las condiciones para que los sistemas de aprendizaje emocional puedan reorganizarse. Investigadores como Damasio, Davidson, LeDoux y Craig coinciden en que es la calidad del estado atencional —y no la intensidad de la emoción— lo que abre la posibilidad de transformar los patrones afectivos. En ese cruce entre percepción, regulación y aprendizaje, la atención plena actúa no como una técnica, sino como un terreno biológico donde la mente puede reeducarse.

La atención plena también reorganiza la relación entre pensamiento y emoción. En un estado de dispersión, el pensamiento se adelanta a la experiencia emocional, la amplifica o la interpreta desde una narrativa de escasez. En un estado de coherencia atencional, el pensamiento llega después de la emoción, no para distorsionarla, sino para integrarla. La diferencia es sutil, pero su impacto es profundo: ya no se trata de controlar lo que sentimos, sino de permitir que la emoción transcurra dentro de un marco interno suficientemente ordenado para no ser amenazante.

En este sentido, la plasticidad emocional depende de la atención porque solo una mente que sabe observar puede aprender de lo que siente. La atención plena no evita la emoción ni la diluye; le ofrece un espacio donde desplegarse sin desbordar al sistema. No exige calma, exige presencia, y es esta la que habilita el cambio emocional duradero: un cambio que no inicia en la voluntad, sino en la forma en que percibimos el instante en que la emoción aparece. La plasticidad surge cuando podemos sostener la experiencia sin huir de ella.

Así, la atención plena se convierte en un laboratorio interno donde el cerebro practica nuevas respuestas. No se trata de evita la intensidad emocional, sino de permitir que la experiencia transcurra dentro de un campo de percepción más amplio, más generoso y ordenado. Cuando la atención logra sostener ese espacio, la plasticidad encuentra tierra fértil. La emoción se vuelve menos rígida, el pensamiento más flexible y la conducta más libre. La transformación emocional comienza no cuando la emoción cambia, sino cuando la atención aprendió a acompañarla.

"La atención no calma la emoción; la vuelve nítida para que se transforme por sí misma".

-Rebeca Carey

Ejemplo aplicado: Ritmo externo

Layla hace fila en una tienda un sábado por la tarde. No tiene prisa, pero el ambiente parece moverse con un ritmo que no coincide con el suyo. Las personas que la rodean avanzan con gestos breves, pasos rápidos, miradas apuradas. Sin advertirlo, Layla comienza a adoptar esa misma cadencia: acomoda el bolso, revisa la hora, cambia el peso de un pie al otro, como si su cuerpo respondiera a una urgencia que no le pertenece.

Mientras avanza unos pasos, siente una ligera presión en el

pecho, una tensión mínima pero insistente que no proviene del tiempo de espera, sino del ritmo ajeno que empezó a contagiarle el sistema. No es ansiedad ni malestar; es más bien un desplazamiento interno, como si su respiración hubiera sido capturada por la velocidad del entorno antes de que ella lo reconociera. El cuerpo se alinea con el exterior sin pedirle permiso a la mente.

Su atención también se acelera. No lo decide, pero descubre que ya está calculando cuánto falta, anticipando el movimiento de la fila, respondiendo a un compás que no nació dentro de ella. Es ese estado intermedio en el que el sistema nervioso deja de seguir su propio ritmo y se acopla, casi automáticamente, al pulso del ambiente. Nada espectacular ocurre, pero sí algo significativo: su claridad se estrecha y su centro se desplaza unos milímetros hacia afuera.

En esa situación aparentemente simple, Layla encarna un patrón silencioso: la facilidad con la que adopta el ritmo del entorno, incluso cuando no es el suyo. Nada dramático sucede, pero la desconexión es real: un desvío pequeño, casi imperceptible, que la empuja a habitar el mundo desde un compás ajeno sin que ella lo note.

Neuropráctica: Atención que interrumpe el impulso

Elige una situación cotidiana en la que suelas reaccionar con rapidez: responder un mensaje, intervenir en una conversación, cerrar una puerta, mover un objeto, levantar la voz o acelerar el paso. No busques un escenario emocional; basta con un gesto común que realices sin pensarlo demasiado. Esta práctica no pretende profundizar en lo que sientes, sino enseñarte a intervenir en el instante en que la acción comienza a organizarse dentro de ti.

Antes de realizar la próxima acción automática de tu día —la primera que aparezca— detén por un segundo el movimiento interno y ponle una sola palabra a lo que estabas a punto de hacer. Una palabra breve, directa, sin matices: abrir, responder, mover, callar, seguir. Es un acto cognitivo mínimo, casi imperceptible, pero suficiente para interrumpir la velocidad con la que el impulso suele traducirse en conducta. No describas cómo te sientes ni por qué ibas a hacerlo; solo nombra el movimiento, como si iluminaras el inicio del gesto antes de permitirle desplegarse.

Al enunciar esa palabra mentalmente, notarás que la secuencia se ralentiza de manera natural. No es un freno ni un control, sino un pequeño desvío en la ruta habitual. La acción sigue ahí, disponible, pero ha perdido la urgencia que la caracterizaba. Ese instante en que la palabra aparece crea un intervalo cognitivo donde la emoción que impulsaba la reacción pierde intensidad y la mente recupera su capacidad de elegir. No necesitas modificar la emoción ni interpretar la situación; basta con haber nombrado la acción para que el impulso deje de conducir el movimiento por inercia.

Realiza la acción después de la palabra, sin añadir nada más. Permítete sentir cómo la conducta se ajusta al nuevo ritmo que introdujiste. La plasticidad emocional ocurre justo aquí: en la posibilidad de alterar la secuencia entre impulso y acción a través de una intervención mínima. Cada vez que introduces este pequeño nombramiento —este verbo que anticipa el gesto— el sistema nervioso aprende una nueva manera de organizar su respuesta. Con el tiempo, el intervalo se vuelve más natural, y la reacción menos rígida.

Esta práctica no busca disciplinar tu comportamiento, sino enseñarte a generar un espacio donde la acción ya no nace de la velocidad emocional, sino de la claridad que surge cuando la atención interviene en el punto exacto donde el impulso se define. Allí, en ese verbo simple que aparece antes del movimiento, comienza la transformación interna: sutil, precisa y completamente disponible para ti.

Coherencia Hemisférica: Pensamiento, Emoción Y Acción En Unidad

La mente humana no opera como dos regiones separadas que se reparten funciones opuestas, sino como un sistema en constante diálogo. Durante años se popularizó la idea de un hemisferio izquierdo lógico y un hemisferio derecho creativo, pero la neurociencia contemporánea describe una realidad más compleja: ambos hemisferios participan de casi toda experiencia, distribuyendo la carga de procesamiento según el tipo de información y las demandas del momento. La coherencia hemisférica no supone simetría perfecta, sino una interacción dinámica donde el intercambio es suficientemente fluido para que la experiencia interna mantenga continuidad, equilibrio y perspectiva.

El hemisferio izquierdo aporta secuencia, estructura y la capacidad de sostener un hilo conductor; el derecho aporta contexto, matiz y sensibilidad para la totalidad. Cuando esta complementariedad se activa con estabilidad, la persona puede acceder a una comprensión amplia sin perder precisión, y a una emoción profunda sin quedar atrapada en su intensidad. La coherencia hemisférica no se expresa en la ausencia de conflicto interno, sino en la posibilidad de sostener al mismo tiempo lo concreto y lo complejo: poder distinguir un hecho sin quedar reducido a él, y poder sentir una emoción sin que se convierta en la única lente desde la cual se interpreta la realidad.

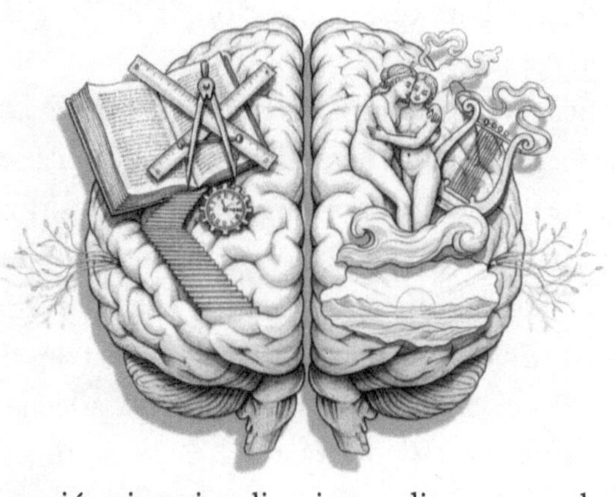

Esta integración tiene implicaciones directas en el modo en que procesamos emociones. El hemisferio derecho tiende a registrar la carga afectiva primaria: tono emocional, intensidad, señales viscerales, matices interpersonales. El izquierdo aporta discriminación y proporción, evitando que la emoción se convierta en una narrativa catastrófica o precipitada. Cuando ambos hemisferios mantienen un intercambio claro, la emoción conserva su vitalidad sin volverse desbordante. La persona puede sentir con profundidad y responder con claridad, porque la intensidad afectiva no expulsa la capacidad de interpretar lo que ocurre. Se genera una especie de proporcionalidad interna, donde la emoción tiene lugar, pero no lo ocupa todo.

La integración hemisférica ha sido descrita en la literatura neurocientífica como un proceso esencial para sostener la estabilidad emocional y la claridad cognitiva. Investigadores como Gazzaniga, McGilchrist y Immordino-Yang han mostrado que la comunicación eficiente entre ambos hemisferios permite que los sistemas implicados en la percepción afectiva, la interpretación contextual y la ejecución conductual trabajen como una sola unidad funcional. Los estudios sobre conectividad interhemisférica señalan que no es la dominancia de un hemisferio la que mejora la regulación interna, sino la calidad del intercambio: una transferencia precisa que evita que la emoción pierda proporción o que el pensamiento quede aislado de la experiencia vivida. Desde esta perspectiva, la coherencia hemisférica no es una habilidad secundaria, sino una condición necesaria para que la emoción, la razón y la acción formen un mismo eje interno.

La coherencia hemisférica también transforma la acción. En estados de desorganización, la conducta suele oscilar entre impulsividad —cuando el hemisferio derecho domina sin regulación— y rigidez —cuando el izquierdo intenta controlar sin integrar lo emocional. Cuando ambos se alinean, la acción surge desde una inteligencia distribuida: un plan que respeta el contexto, una decisión que incorpora matices, un gesto que se adecua al ritmo de la situación. La persona siente que actúa desde un lugar interno más estable, no por urgencia ni por perfeccionismo, sino por una dirección que ha encontrado centro.

Esta coherencia no es un estado garantizado: fluctúa según el nivel de activación fisiológica. El estrés limita la comunicación interhemisférica, favoreciendo respuestas rápidas, defensivas o excesivamente analíticas. La calma excesiva, sin estructuración cognitiva, puede llevar a dispersión o falta de claridad. La coherencia surge en ese punto donde existe suficiente activación para responder y suficiente regulación para no perder perspectiva. Es un equilibrio dinámico, no una quietud constante. Cultivar este tipo de coherencia implica aprender a sostener la movilidad interna sin perder orientación.

En términos más profundos, la coherencia hemisférica representa una forma de integración del yo. Cuando pensamiento, emoción y acción ya no se experimentan como partes que compiten entre sí, la persona accede a una forma de unidad interna donde los dilemas se vuelven manejables, las decisiones más auténticas y el movimiento más congruente. No se trata de tener respuestas perfectas, sino de tener un sistema que puede escuchar, interpretar y actuar desde un mismo eje. Esa unificación no surge de controlar la mente, sino de permitir que sus distintas formas de percepción dialoguen sin excluirse.

En esta integración, la experiencia adquiere un grado de profundidad distinto: la persona no solo ve lo que ocurre, sino cómo ocurre; no solo siente, sino que comprende la función de lo que siente; no solo actúa, sino que percibe la coherencia entre su decisión y su estado interno. Cuando ambos hemisferios trabajan con fluidez, aparece una forma de claridad que no depende del contenido de la experiencia, sino del orden desde el cual se la atraviesa. Es ahí donde la coherencia hemisférica deja de ser un concepto neurológico para convertirse en una forma concreta de habitarse: una mente que sabe sostener lo amplio y lo preciso en un solo movimiento.

"La coherencia te devuelve la serenidad de habitarte sin conflictos internos".

-Rebeca Carey

Ejemplo aplicado: Ritmo restaurado

Una tarde, mientras acomodas algunas cosas en casa, descubres que un objeto que te regaló alguien a quien quieres profundamente está dañado. Es una marca pequeña, pero suficiente para detenerte unos segundos. En otro momento, esto habría abierto un espacio interno conocido: la emoción inicial avanzando sin contención, el pensamiento amplificando el incidente y la acción respondiendo con más intensidad de la necesaria. Era la sensación de dividirte entre lo que sentías por dentro y la forma en que reaccionabas afuera.

Hoy ocurre algo distinto. En el instante en que registras la grieta, tu sistema nervioso no se precipita hacia la interpretación desafinada de antes. El hemisferio derecho reconoce la carga afectiva del objeto, pero no invade; el izquierdo comprende el alcance real del daño sin convertirlo en historia. Esa interacción evita que la emoción pierda proporción y, al mismo tiempo, impide que el pensamiento reduzca la experiencia a un cálculo frío. Las dos lecturas —la emocional y la contextual— se encuentran en un mismo punto.

Lo que haces después nace de esa integración. Tomas el objeto con calma, no para ignorar lo que significaba para ti, sino porque ya no estás respondiendo desde rutas internas que compiten entre sí. Tu acción no contradice tu emoción, y tu emoción no anula lo que entiendes de la situación. El movimiento que sigue es coherente: decidir si lo restauras, si lo conservas tal como está o si lo guardas por ahora. No hay prisa, no hay rigidez, no hay la antigua fractura entre sentir, pensar y actuar.

Mientras continúas con tu día, adviertes que algo cambió sin imponerse. La experiencia no te desbordó porque la mente no se dividió. Lo que antes se convertía en un desencuentro interno hoy se transforma en una secuencia unificada: reconocimiento, comprensión y respuesta. La grieta pertenece al objeto, no a ti. La coherencia, en cambio, sí te pertenece.

Neuropráctica: Doble verificación hemisférica

Elige una acción sencilla que debas realizar hoy: redactar un mensaje, tomar una decisión breve, planear un pequeño movimiento del día. No se trata de buscar complejidad, sino de permitirle a tu mente trabajar desde un estado distinto: uno donde sus dos formas de interpretación convergen antes de que la acción ocurra.

Antes de ejecutar esa acción, realiza dos preguntas silenciosas, no para reflexionar, sino para introducir un orden interno que integre ambas rutas cognitivas. La primera pregunta es directa y concreta: ¿Qué entiendo objetivamente de esto? Es una entrada lineal, precisa, que delimita el hecho sin adornos ni interpretaciones. No profundices; basta con un trazo claro que estabiliza la secuencia lógica del momento.

La segunda pregunta ocurre inmediatamente después: ¿Qué significa esto en su totalidad? No busca emoción ni simbolismo, sino amplitud. Es una lectura que permite que el contexto, el matiz y la intención tengan un lugar dentro de la acción que estás por realizar. No exige explicación; solo abre el marco en el que la experiencia adquiere proporción.

Entre ambas preguntas no hay pausa deliberada. Lo que estás entrenando es la capacidad de tu sistema para integrar forma y amplitud en un solo movimiento, sin que una excluya a la otra. La coherencia hemisférica ocurre precisamente aquí: cuando lo concreto y lo global se reconocen mutuamente antes de transformarse en conducta.

Ejecuta la acción después de esta doble verificación, sin buscar un efecto inmediato. Lo que cambia no es la acción visible, sino la arquitectura interna que la sostiene. Con el tiempo, este ejercicio afina la comunicación entre ambos hemisferios: la parte que organiza y la parte que interpreta empiezan a cooperar, evitando que la respuesta se origine desde una sola vía. La acción se vuelve proporcional, la emoción precisa y el pensamiento más estable.

Practicar esta doble verificación no añade pasos a tu día; añade claridad. Es un entrenamiento de integración silenciosa que fortalece la coherencia interna y enseña al sistema a operar como un solo gesto, no como fragmentos que avanzan en direcciones distintas.

CAPÍTULO VI

El Mapa Del Cambio

De La Práctica Consciente A La Nueva Estructura Neuronal

Todo cambio auténtico inicia como un acto consciente, pero no se consolida en ese nivel. La conciencia es apenas una señal inicial: un impulso que el sistema nervioso recoge para discriminar qué debe modificar y qué puede permanecer igual. Cuando eliges un gesto distinto —una forma nueva de responder, una pausa que antes no existía, un pensamiento que no sigue el patrón de siempre— activas redes prefrontales encargadas de orientar la atención y modular la conducta. Esa activación no transforma por sí misma, pero marca un punto de partida fisiológico: una reorganización inicial de la que la plasticidad puede tomar nota.

En esos primeros instantes, el cerebro opera en un equilibrio delicado entre lo antiguo y lo nuevo. Las rutas previas, alojadas en circuitos subcorticales y sistemas sensoriomotores, se activan con rapidez porque son eficientes y familiares. Las nuevas, por el contrario, requieren mayor energía: exigen regulación emocional, focalización atencional y un cierto grado de claridad interna para sostenerse sin desvanecerse. La práctica consciente actúa entonces como un mensaje que se repite a sí mismo: un recordatorio dirigido a las regiones corticolímbicas para que la novedad no se pierda en la inercia del hábito anterior.

Pero el cambio real sucede en un registro más profundo. A medida que la práctica se repite, la señal momentánea comienza a generar un tipo de fortalecimiento sináptico que desplaza la conducta antigua. No lo hace por imposición, sino por eficiencia: el cerebro, siempre orientado a conservar energía, empieza a preferir la ruta que requiere menos esfuerzo y genera menos conflicto interno. Con cada repetición, se activan procesos de potenciación sináptica a largo plazo (LTP), mediante los cuales las conexiones involucradas aumentan su sensibilidad y estabilidad. Allí, la novedad deja de ser una opción y empieza a convertirse en tendencia.

La transición de una práctica consciente a una estructura neuronal ha sido descrita con notable convergencia en la literatura neurocientífica contemporánea. Investigadores como Eric Kandel, Joseph LeDoux y Antonio Damasio han mostrado cómo la repetición deliberada, sostenida desde un estado de atención clara, activa mecanismos de potenciación sináptica que permiten que una señal momentánea se convierta en un trazo duradero. Kandel lo plantea como la transformación de "la experiencia en biología", mientras que LeDoux señala que la estabilidad emocional favorece la consolidación de nuevas rutas frente a las antiguas. Damasio, por su parte, describe cómo la coherencia entre emoción y regulación prefrontal crea las condiciones para que el cerebro seleccione patrones que benefician la vida del organismo. En conjunto, estas perspectivas coinciden en algo esencial: la práctica consciente no cambia por repetición ciega, sino por la calidad fisiológica del estado en el que esa repetición ocurre. Cuando la experiencia se vuelve relevante para el sistema, la plasticidad responde.

Este proceso no es uniforme ni inmediato. El cerebro integra lo nuevo solo cuando ciertas condiciones internas están presentes. Entre ellas, la regulación afectiva ocupa un papel decisivo: cuando la amígdala no domina la escena, la corteza prefrontal puede organizar con mayor precisión la secuencia de acciones que sostienen el hábito emergente. La estabilidad fisiológica —ese rango en el que la activación es suficiente para responder, pero no tanta como para desbordar— funciona como un terreno fértil donde las conexiones nuevas pueden competir con las antiguas sin ser interrumpidas.

A medida que la repetición se consolida, ocurre un fenómeno que marca un antes y un después: la transferencia funcional. Lo que en un principio dependía de la vigilancia consciente del córtex prefrontal empieza a distribuirse hacia redes más automáticas, especialmente los ganglios basales, encargados de almacenar secuencias de conducta que ya no requieren deliberación. Esta transferencia libera recursos cognitivos que antes eran necesarios para sostener el hábito. El esfuerzo disminuye, pero no por pérdida de intención, sino porque la maquinaria neuronal ha comenzado a operar por sí misma.

Con el tiempo suficiente, el sistema nervioso no solo reconoce la secuencia; la adopta como preferencia interna. La novedad inicial se convierte en familiaridad, y la familiaridad en identidad funcional. Este punto es crucial: la identidad no cambia cuando la persona quiere; cambia cuando el cerebro puede sostener sin tensión la conducta que antes requería dirección consciente. La repetición y la plasticidad se unen para trazar una especie de "segunda naturaleza", más alineada con la vida que la persona intenta construir.

En este sentido, cada práctica consciente actúa como un puente entre dos niveles de experiencia. En el primero, la intención dirige; en el segundo, la estructura sostiene. Uno pertenece a la esfera de lo que se decide; el otro, a la esfera de lo que ya se es. Cuando esa transición ocurre, el cambio deja de sentirse como una tarea y comienza a sentirse como una forma genuina de habitar la vida. Lo que antes era una decisión ahora es un reflejo; lo que antes era una aspiración ahora es una reorganización neuronal estable.

Así, la práctica consciente no es el cambio, pero sí su origen. La repetición es el camino que lo vuelve real. Y la plasticidad es el mecanismo que convierte ese camino en una arquitectura interna. Cuando estas tres fuerzas se encuentran —intención, constancia y biología— surge un tipo de transformación que no depende de la fuerza de voluntad, sino de una mente que ha aprendido a reorganizarse desde adentro.

"Tu futuro se edifica sobre los patrones que hoy repites; cada uno es un cimiento de la estructura que un día te sostendrá".

-Rebeca Carey

Ejemplo aplicado: Inicio mínimo

Una mañana, mientras te preparas para salir, notas algo que antes pasaba inadvertido: has comenzado el día ordenando un pequeño espacio sin haberlo planeado. No es un ritual ni una intención; simplemente ocurre. Colocas un objeto en su lugar, despejas una superficie, cierras algo que había quedado abierto. La acción es mínima, pero tiene una nitidez que te sorprende.

No lo haces por disciplina ni por búsqueda de control. Lo haces porque tu mente ya aprendió a iniciar el día desde un punto de claridad. Ese gesto, que en otro tiempo habría requerido recordatorios o esfuerzo, aparece ahora como si siempre hubiera pertenecido a tu mañana. Su presencia no es rígida: es natural, eficiente, estable.

Mientras avanzas, te das cuenta de que esa pequeña acción cambia la forma en que entras al día. No reorganiza la casa; reorganiza tu dirección interna. Lo que empezó siendo una práctica consciente se convirtió, sin anuncios, en una parte de tu estructura: un patrón que ya no necesita voluntad para existir.

En ese instante cotidiano —tan sencillo que podría pasar desapercibido— reconoces el verdadero signo de un cambio profundo: cuando una conducta que alguna vez elegiste comienza a suceder por sí misma, no porque la repitas, sino porque tu cerebro decidió adoptarla como forma de inicio. Esa es la arquitectura que sostiene lo que llamas tu manera de vivir.

Neuropráctica: Microseñal de consistencia

Escoge un pensamiento breve que represente la dirección que estás intentando consolidar. No debe ser emocional ni afirmativo, sino una instrucción clara: una frase que sintetice el tipo de arquitectura interna que quieres que el cerebro aprenda a preferir.

Una vez definida, repítela en tres momentos distintos del día, siempre de la misma manera: de forma breve, sin esfuerzo y sin buscar una sensación inmediata. La repetición no tiene la función de convencerte; tiene la función de generar una señal reconocible para el sistema nervioso, una marca que indique a la mente qué patrón debe comenzar a reforzar.

Cada vez que realices esta microseñal, procura que sea un acto aislado: sin emociones añadidas, sin expectativas y sin convertirlo en un ritual. Lo que estás entrenando es la claridad, no la intensidad. La frase funciona como un trazo que se superpone a las rutas anteriores, debilitándolas con cada repetición precisa. No necesitas pensarla en profundidad, solo reproducirla con nitidez.

Durante las primeras jornadas, sentirás que el pensamiento elegido aún no tiene peso propio. Es normal: las antiguas rutas son más rápidas y ofrecen menos resistencia. Sin embargo, con el paso de los días, el cerebro comienza a identificar la microseñal como un patrón emergente: una forma nueva de responder que, por su estabilidad, empieza a competir con las tendencias habituales. La repetición consistente permite que la instrucción se convierta en un rastro neuronal, un punto de apoyo para la arquitectura que estás intentando construir.

No busques resultados visibles ni experiencias internas. Esta práctica opera allí donde la mente decide qué rutas conservar y cuáles abandonar. Cuando la microseñal se vuelve frecuente y clara, el sistema la integra sin necesidad de vigilancia: el pensamiento deja de sentirse elegido y comienza a aparecer como parte de tu organización natural. Allí empieza la verdadera transición: cuando la consistencia introduce una estructura que el cerebro puede sostener sin esfuerzo, incluso antes de que tú la reconozcas.

Dopamina Y Refuerzo Positivo: Cómo Se Consolida La Constancia

La constancia no es un atributo del carácter; es una consecuencia de cómo el cerebro aprende a valorar lo que repites. Ningún patrón se sostiene únicamente por fuerza de voluntad. Lo que realmente consolida un hábito —lo que transforma un acto deliberado en una tendencia estable— es el modo en que la dopamina organiza la experiencia y la convierte en una señal de importancia para el sistema nervioso. La dopamina no premia; selecciona. Señala lo que merece ser reforzado porque contribuye al orden interno, a la supervivencia o al propósito que la mente reconoce como relevante.

Cada vez que realizas una acción alineada con la dirección que quieres construir, tu cerebro genera un pequeño ajuste dopaminérgico. No es una explosión de placer, como suele caricaturizarse, sino un incremento sutil en la manera en que el sistema marca esa acción como significativa. Este aumento no se produce por el resultado visible del comportamiento, sino por la experiencia interna de haber actuado de acuerdo con lo que tu propio sistema identifica como coherente. La dopamina es, antes que nada, una señal de predicción: le indica al cerebro que "esto tiene sentido para ti" y que vale la pena repetirlo.

El papel de la dopamina en la consolidación de hábitos ha sido descrito con notable precisión en la neurociencia contemporánea. Investigadores como Wolfram Schultz, Kent Berridge y Peter Dayan han demostrado que la dopamina no se libera como recompensa por el resultado final, sino como señal de predicción: un marcador que le indica al cerebro que una conducta ha adquirido valor y debe ser reforzada. Schultz lo observa como un código de error que se ajusta con cada repetición; Berridge distingue entre el deseo anticipatorio y el placer resultante; Dayan describe cómo la dopamina modela la constancia al recalibrar las expectativas del sistema. Desde distintos ángulos, todos coinciden en lo mismo: la dopamina no premia lo que logras; premia lo que sostienes, y en esa repetición seleccionada se construyen los cimientos fisiológicos de la constancia.

Con el tiempo, esta señal deja de estar vinculada al esfuerzo y comienza a asociarse a la familiaridad. La dopamina opera como un puente entre la intención y la constancia porque transforma una acción aislada en un patrón de seguimiento. Cada pequeña liberación ajusta la probabilidad de que esa conducta se repita. En esta fase, la constancia se convierte en un fenómeno fisiológico: el cerebro empieza a preferir lo que ya ha marcado como valioso, independientemente de que el acto requiera esfuerzo o disciplina. La costumbre dopaminérgica es más poderosa que la motivación emocional.

La consolidación de un hábito ocurre cuando la dopamina deja de aparecer únicamente en el momento del esfuerzo inicial y comienza a anticiparse a la acción misma. Este mecanismo, descrito en la neurociencia del aprendizaje como "respuesta anticipatoria", marca el punto de inflexión en el que el comportamiento deja de depender de la fuerza de voluntad. El cerebro empieza a liberar dopamina no cuando completas la acción, sino cuando te aproximas a ella. Es esa anticipación la que genera estabilidad. La motivación ya no surge del logro; surge del proceso. Y es en ese desplazamiento donde la constancia se vuelve natural.

La dopamina que surge del esfuerzo elegido posee una cualidad distinta: no irrumpe, ordena. Es una recompensa que no busca desbordar el sistema, sino alinearlo con la dirección que deseas sostener. Esa forma de dopamina no proviene del resultado, sino de la coherencia entre lo que decides y lo que ejecutas. Por eso edifica respeto propio: porque el cerebro reconoce su capacidad de acompañar una intención sin traicionarla. Lo opuesto ocurre cuando la atención se dispersa hacia estímulos que ofrecen dopamina de acceso inmediato. Esa dopamina —sin esfuerzo, sin dirección y sin profundidad— interrumpe los circuitos que sostienen la constancia y desregula el sistema de recompensa. El cerebro comienza a buscar descargas rápidas en lugar de rutas estables, y en esa búsqueda pierde su brújula interna. Con el tiempo, este tipo de gratificación fragmenta la arquitectura que sostiene la libertad: sustituye la capacidad de elegir por la compulsión de responder a lo que estimula. Prostituir la atención es permitir que la dopamina deje de estar al servicio de tu dirección interna y comience a obedecer a cualquier estímulo que la reclame. En ese estado, no se construye identidad: se erosiona.

Sin embargo, este refinamiento dopaminérgico no se da en cualquier condición interna. Para que el refuerzo positivo se active de forma funcional, el sistema requiere un estado fisiológico sin sobresaturación: ni tensión excesiva, ni agotamiento, ni hiperactivación emocional. Cuando la amígdala monopoliza la evaluación del entorno, la dopamina queda subordinada a la vigilancia y pierde su papel de guía del aprendizaje. Por el contrario, en un estado de regulación suficiente, el sistema dopaminérgico puede operar con precisión, seleccionar los patrones útiles y fortalecerlos sin distorsión.

El refuerzo positivo no recompensa la perfección ni el resultado final. Refuerza la repetición coherente, incluso si es mínima. El cerebro aprende por consistencia, no por magnitud. Un pequeño gesto repetido con claridad tiene más peso —a nivel neuronal— que un gran gesto realizado de manera aislada. Por eso la disciplina profunda no consiste en "fuerza interna", sino en una secuencia de microseñales dopaminérgicas que, acumuladas, construyen una ruta. El cerebro sigue aquello que ha marcado como estable, aun cuando tú no estés pensando en ello de manera consciente.

A medida que la dopamina consolida esta arquitectura, la constancia se vuelve identidad operativa. Lo que antes requería recordatorios, intención y vigilancia, comienza a desplegarse de manera orgánica, porque el sistema reconoce ese patrón como su forma óptima de funcionar. La acción deja de sentirse como un esfuerzo y empieza a sentirse como una preferencia interna. La mente no empuja; se inclina. La constancia ya no se experimenta como obligación, sino como consecuencia natural de una configuración neuronal que sabe a dónde pertenece.

Así, la dopamina no es un premio, sino una brújula. Su función no es generar placer, sino establecer dirección. Cada repetición coherente, por pequeña que parezca, introduce un ajuste en esa brújula, orientando al sistema hacia las conductas que sostienen orden y claridad. Cuando la dopamina reconoce ese movimiento, se convierte en el cimiento fisiológico de la constancia: un proceso gradual y extraordinariamente preciso que transforma el esfuerzo en estructura, y la estructura en una forma estable de habitar la vida.

"La dopamina que nace del esfuerzo construye la estructura desde la que puedes respetarte; la que llega sin mérito erosiona la libertad que intentas sostener".

-Rebeca Carey

Ejemplo aplicado: La distracción que se impone

Hay días en los que, casi sin advertirlo, comienzas la tarde con el teléfono en la mano. No lo buscaste: simplemente apareció en tu rutina como si te hubiera estado esperando. Lo desbloqueas con un gesto automático y, antes de darte cuenta, estás recorriendo pantallas que no pediste, recibiendo estímulos que no elegiste y entrando en una secuencia de dopamina inmediata que solo requiere tu atención, no tu intención.

Mientras avanzas entre notificaciones, sientes una ligerísima desconexión interna: una especie de ruido que, aunque no duele, te aleja de lo que realmente querías hacer. No es una emoción intensa; es una microfuga. Minutos después te das cuenta de que pasaste por encima de una tarea que necesitaba tu presencia, no porque fuera difícil, sino porque la gratificación rápida te capturó primero. Te invade una sensación tenue, casi imperceptible, de haber cedido algo que no querías ceder.

En el fondo, sabes que no fue el teléfono lo que te atrapó, sino la dopamina fácil que activa. Esa descarga no construye nada, no sostiene nada; solo llena un espacio que después se queda hueco. Lo notas en tu cuerpo, en tu ritmo, en la forma en que tu día pierde dirección. Lo que empieza como distracción termina como erosión: un desgaste silencioso de tu libertad para elegir lo que realmente querías sostener.

En ese instante, sin que nadie lo nombre, reconoces la forma en que la atención se prostituye: entregada a estímulos que no merecen su precio y que, sin embargo, consumen tu capacidad de orientarte. No es un drama, es un hábito. Y en esa repetición se vuelve evidente cómo la dopamina sin esfuerzo no fortalece tu vida interna: la fragmenta.

Neuropráctica: Abstinencia del alivio impulsivo

Hay impulsos que no llegan como decisiones, sino como movimientos microscópicos que buscan ofrecerte un alivio rápido.

Para algunas personas, ese impulso aparece en forma de desplazamiento digital: abrir una pantalla, buscar una imagen, revisar un mensaje que no importa o deslizarse hacia un estímulo que promete un segundo de novedad. Para otras, adopta rutas más íntimas: buscar contacto que no nace del deseo, sino del vacío; recurrir a la sexualidad como un atajo para anestesiar una incomodidad que no se quiere nombrar; o consumir imágenes que sustituyen la cercanía por un rastro breve de dopamina. En otros casos, el alivio está en la comida que llega sin hambre, en una conversación innecesaria, en la opinión que se pide para sentir validación, o en la compra rápida que intenta corregir un malestar que no proviene de la carencia, sino de la inquietud.

No importa cuál sea la forma. Todos estos gestos comparten una raíz: buscan resolver una tensión mínima con una recompensa inmediata.

En esta práctica no vas a eliminar el impulso ni a reprimirlo. Solo vas a abstenerte del alivio. La abstinencia aquí no es castigo ni renuncia; es un experimento fisiológico. Te permitirá observar qué ocurre en tu sistema cuando el circuito dopaminérgico no encuentra la gratificación rápida que espera.

Elige un momento del día en el que notes la aparición habitual de ese gesto que te alivia de inmediato. No necesitas anticiparlo; basta reconocerlo cuando surja. Cuando aparezca, no lo completes. No busques un sustituto. No intentes compensarlo con algo productivo ni con una forma distinta de distracción. Quédate justo en ese pequeño intervalo donde el impulso queda incompleto. No le des salida, aunque tu sistema la pida con insistencia. En ese punto, lo que emerge no es vacío: es energía sin dirección. Es la activación que normalmente se descarga en la acción impulsiva. Déjala estar. No la transformes. No la analices. Permite que se acumule sin empujarla hacia ningún lado. Lo que estás sintiendo no es carencia; es la dopamina que no fue utilizada para un alivio inmediato y que, por primera vez, permanece disponible para convertirse en constancia.

Mantén esa abstinencia unos segundos más de lo que te resultaría natural. No estás entrenando fuerza de voluntad; estás reorganizando un circuito que lleva años resolviendo la tensión con caminos demasiado cortos. Al no completar el impulso, el sistema no encuentra la recompensa esperada. Y en esa apertura, surge una señal distinta: la posibilidad de que el esfuerzo —y no la inmediatez— se convierta en el nuevo eje dopaminérgico.

Esa pequeña abstinencia no te hará sentir triunfo. Te hará sentir presión sin salida, que es justamente el material del que está hecha la constancia. La dopamina que antes se dispersaba en alivios rápidos comenzará a asociarse con un tipo de estabilidad más profunda: la estabilidad que nace cuando tu sistema comprende que no necesita rescatarte a cada instante.

Esta práctica no busca que te prives de nada. Busca que observes lo que sucede cuando tu cerebro deja de sostener la arquitectura del alivio y empieza a sostener la arquitectura del esfuerzo. Es un desplazamiento mínimo, pero decisivo: ahí comienza la libertad interna.

Del Acto Consciente Al Hábito Automático

Todo hábito que hoy parece natural comenzó alguna vez como una acción torpe, esforzada, sostenida con una atención que debía recordarle al cuerpo lo que tenía que hacer. Ningún patrón nace automático. Primero surge como una elección deliberada, frágil y breve, que necesita sostenerse en la conciencia porque todavía no pertenece a la estructura interna. El sistema nervioso lo reconoce, sí, pero no lo adopta; lo recibe como un visitante, no como una función propia.

En esos primeros gestos, la acción depende por completo del foco atencional. La corteza prefrontal debe organizar la secuencia, inhibir rutas conocidas, negociar con impulsos anteriores y sostener la dirección, aunque el cuerpo aún no entienda esa novedad. El acto consciente se siente así: como algo que requiere vigilancia. No es espontáneo; es un trayecto empujado desde la voluntad hacia un territorio donde todavía no existe un camino trazado.

Con el paso de las repeticiones —esas que parecen insignificantes pero que poseen un peso específico dentro de la arquitectura neuronal— comienza una transformación silenciosa. La acción deja de ser un movimiento extraño para el sistema y empieza a adquirir familiaridad. No porque resulte agradable, sino porque es estable. La biología se organiza alrededor de aquello que se mantiene, no de lo que se promete. En su lógica íntima, el cerebro no distingue entre lo que deseas ser y lo que efectivamente repites; solo registra lo que ocurre con suficiente continuidad como para justificar un cambio estructural.

En esta fase intermedia, la conducta vive en una frontera ambigua. Todavía requiere atención consciente, pero ya no con la misma intensidad. Los errores disminuyen, la secuencia se estabiliza, la repetición ya no agota tanto. El sistema nervioso empieza a ensayar una transición: evalúa si esta acción merece convertirse en un proceso interno automatizado. No lo hace desde la motivación, sino desde la eficiencia. Para el organismo, lo que se repite sin interrupción es valioso porque reduce incertidumbre y facilita predicción. Y predecir, para un cerebro humano, siempre ha sido más importante que innovar.

Así, el acto consciente comienza a desplazarse hacia otro territorio: el de las conductas que no necesitan supervisión porque el cuerpo ya las reconoce como propias. No se trata de hábito todavía, pero sí de un prehábito: un patrón que empieza a adquirir una especie de suavidad funcional. La mente experimenta un alivio leve: ya no tiene que sostener cada paso, solo mantener el marco general. El sistema está aprendiendo a apoyarse en algo que antes era completamente nuevo.

Sin embargo, este proceso no es lineal ni garantizado. Muchos actos conscientes no se convierten en hábito porque la repetición ocurre desde un estado interno desorganizado: demasiado cansancio, demasiada distracción, demasiada dopamina inmediata, demasiada presión por resultados. Cuando la repetición se sostiene desde el desorden, la neurobiología no la registra como continuidad, sino como ruido. El sistema no puede automatizar lo que no logra distinguir. La acción se hace, pero no se integra. La voluntad insiste, pero la biología la suelta.

Por eso, la profundidad del acto consciente no reside solo en repetir, sino en repetir desde un estado suficientemente estable como para que el sistema lo perciba como dirección y no como esfuerzo aislado. La transición hacia el hábito ocurre cuando la mente deja de debatirse entre patrones antiguos y nuevas intenciones, y comienza a reconocer que la novedad ya no es una intrusión, sino una forma emergente de orden.

La neurociencia ha descrito este tránsito —del acto consciente al hábito automático— como una reconfiguración progresiva de circuitos que pasan del control deliberado a la eficiencia subcortical. Investigadores como Ann Graybiel han demostrado cómo los ganglios basales registran las secuencias que se repiten bajo condiciones de estabilidad interna, encapsulándolas en patrones que ya no requieren supervisión prefrontal. Schultz, por su parte, ha mostrado que cuando la conducta se mantiene con coherencia, la señal dopaminérgica deja de depender del resultado inmediato y comienza a anticiparse al inicio de la acción, reforzando la cadena completa en lugar de un punto aislado. Kandel ha descrito cómo la repetición organizada activa procesos de plasticidad que fortalecen las sinapsis involucradas, hasta que la novedad se convierte en una arquitectura funcional. Estas líneas convergen en una misma conclusión: un hábito no surge por insistencia, sino por la capacidad del sistema de reconocer una secuencia estable y transformarla en una forma automática de operar. La biología automatiza solo aquello que considera confiable.

"Nada de lo que haces pasa desapercibido para tu sistema; incluso tus actos más breves moldean la arquitectura que terminará por sostenerte".

-Rebeca Carey

Ejemplo aplicado: El punto de inflexión

Hay mañanas en las que Layla decide escribir tres líneas en su cuaderno antes de comenzar el día. No es un ritual ni un compromiso solemne; es un gesto pequeño que intenta mantener presente, aun cuando la inercia le pida comenzar por otra cosa. Durante las primeras semanas, la acción se siente rígida: debe recordarla, sostenerla y dirigirla con una atención que parece desproporcionada para algo tan simple.

Cada vez que escribe, Layla percibe la tensión breve que acompaña a una conducta que todavía no pertenece a su forma natural de hacer las cosas. La mente empuja el movimiento; el cuerpo lo sigue con cierta torpeza. Le toma unos segundos ubicarse, tomar el cuaderno y comenzar. Nada surge por sí mismo. Cada línea requiere la participación explícita de su atención.

Con el paso del tiempo, algo cambia sin anunciarse. Una mañana, Layla entra a la habitación, acomoda una silla y, sin pensarlo, abre el cuaderno. No es un gesto deliberado; tampoco es una costumbre consolidada. Es un movimiento sencillo que ocurre sin pedirle una decisión previa. Ella solo nota, después de unos segundos, que la mano sostiene el lápiz sin haberlo planeado.

No siente un logro particular ni una claridad repentina. Solo percibe que la acción se incluyó en su mañana sin pedir permiso ni convertirse en un evento que requiera esfuerzo. El gesto sigue siendo pequeño, pero ahora aparece con una naturalidad distinta: ya no depende de su vigilancia constante para ocurrir.

Layla no sabe cuándo cruzó ese umbral. No recuerda el día exacto en que el acto dejó de necesitar explicación interna. Solo reconoce que, de alguna manera, la repetición acumulada ha comenzado a dar forma a un movimiento que antes le resultaba ajeno.

Neuropráctica: Transferencia implícita

Hay gestos que desaparecen cuando cambia el entorno, como si la conducta dependiera más del escenario que de tu decisión. Esta práctica busca lo contrario: que un acto consciente adquiera suficiente consistencia como para no fragmentarse cuando el contexto se modifica. No es un entrenamiento de disciplina; es un entrenamiento de continuidad interna.

Elige un gesto pequeño, uno que puedas sostener sin esfuerzo y que no tenga valor simbólico. No lo conviertas en promesa ni en meta. Debe ser un gesto tan sencillo que no exija reflexión: cerrar un libro después de usarlo, ajustar un objeto en un mismo lugar, o trazar una línea en un cuaderno en la que no escribas nada más. Lo importante no es lo que haces, sino que sea una misma señal.

Una vez elegido el gesto, practícalo en un entorno distinto al habitual: un pasillo, una sala, un lugar donde no suelas iniciar nada deliberado. Repite el gesto allí, sin añadir intención y sin buscar una sensación particular. Permite que tu sistema lo ejecute únicamente porque tú lo decidiste, no porque el escenario lo pidió.

Después, sin planificación, introduce el mismo gesto en otro momento del día, pero ahora en un espacio completamente diferente. Puede ser un lugar de tránsito, una zona donde rara vez realizas acciones conscientes, o un ambiente donde la mente opera en automático. No modifiques el gesto; no le añadas nada; no lo cargues de significado. Solo repítelo en un territorio distinto.

Lo que estás entrenando no es el gesto, sino su transferencia. Cuando una acción se mantiene estable a través de contextos variados, el cerebro reconoce un patrón que no depende de la circunstancia y comienza a considerarlo digno de automatización. No ocurre por esfuerzo, sino por consistencia. No ocurre por motivación, sino por repetición que se mantiene más allá del escenario.

Realiza esta práctica unas pocas veces al día, durante unos segundos, sin buscar orden ni perfección. La señal se irá consolidando de forma discreta. No sentirás avance; sentirás neutralidad. Pero esa neutralidad es el indicio de que el sistema ha dejado de resistir la novedad. Cuando una acción deja de sentirse extraña y empieza a sostenerse en distintos lugares, es porque el hábito está iniciando su tránsito más profundo: ese en el que deja de pertenecer al momento y comienza a pertenecer a ti.

El Cerebro Que Reescribe La Identidad

La identidad no es un retrato fijo, sino una secuencia de patrones que se van consolidando a partir de lo que hacemos de forma repetida. Aunque solemos experimentarla como algo estable —algo que "somos"— en realidad es un proceso vivo que se reorganiza cada vez que un gesto nuevo se sostiene el tiempo suficiente como para desplazar la tendencia anterior. La identidad es, en lo más íntimo, la acumulación de las rutas neuronales que más utilizamos, la forma en que el sistema prioriza unas respuestas sobre otras.

Quién eres ahora no surgió de una idea, sino de millones de pequeñas acciones que, al repetirse, se volvieron la manera natural en la que tu cuerpo interpreta el mundo. Tus reacciones, impulsos, inclinaciones emocionales y hábitos no nacieron como verdades internas: nacieron como elecciones iniciales que el sistema repitió hasta convertirlas en norma. La identidad es la memoria activa de esas repeticiones.

La identidad no es un rasgo con el que naces ni una estructura que debas cargar intacta toda la vida. Es un sistema dinámico que se moldea con tus actos diarios, incluso aquellos que parecen insignificantes. Nada de lo que te compone es definitivo: ni tus tendencias emocionales, ni tus formas de reaccionar, ni las conductas que hoy consideras "parte de ti". Todo puede modificarse porque la identidad es la expresión acumulada de aquello que repites, no de aquello que te ocurrió. Si hay aspectos que te duelen, te limitan o te impiden avanzar, no estás condenado a conservarlos. La continuidad de nuevos gestos modifica la arquitectura desde la que te interpretas y permite que tu sistema nervioso construya una versión distinta de ti. La identidad no se descubre: se entrena.

Cada vez que introduces una conducta distinta —por mínima que sea— el cerebro registra una desviación respecto de su mapa habitual. Al principio, esta novedad no pesa dentro del sistema: es un trazo débil que requiere vigilancia consciente para mantenerse. Pero cuando el gesto se repite, incluso en medio de fluctuaciones emocionales o contextuales, el sistema comienza a otorgarle relevancia. Lo que ocurre con continuidad adquiere prioridad; lo que no se sostiene disminuye su jerarquía. La identidad empieza a desplazarse desde ese punto.

Este proceso no es lineal. Durante un tiempo, conviven dos versiones de ti: la antigua, que opera desde la fuerza de los patrones que llevan años consolidándose, y la emergente, que aún necesita apoyo consciente para no desaparecer. La coexistencia puede sentirse confusa, como un estado intermedio en el que no eres del todo quien solías ser, pero tampoco eres aún quien estás empezando a ser. Es un periodo fisiológico normal: el cerebro evalúa cuál de las dos rutas ofrece mayor estabilidad y menor conflicto interno.

A medida que sostienes la novedad, la ruta antigua comienza a perder predominancia. No desaparece —las rutas neuronales rara vez se extinguen—, pero deja de tener prioridad espontánea. La nueva conducta empieza a sentirse menos ajena, como si el cuerpo comenzara a reconocerla. Lo notable aquí es que la reorganización no ocurre por fuerza de voluntad, sino por eficiencia biológica: el sistema siempre elegirá el camino que demande menos energía y produzca menos fricción interna. Cuando la repetición reduce la resistencia, la identidad se inclina a favor de lo nuevo.

Hay un momento en este proceso que casi nunca se percibe con claridad: aquel en el que la conducta deja de sentirse como un acto "en contra" de lo que eras y empieza a sentirse como algo que forma parte de ti. No hay un instante de revelación, lo que ocurre es más sutil: la transición se manifiesta como una pequeña falta de esfuerzo, lo que antes exigía deliberación empieza a aparecer con espontaneidad. El cuerpo ejecuta sin que la mente tenga que dirigir.

En ese punto, algo más cambia: cambia la narrativa interna. La mente comienza a interpretar esa acción no como un logro, sino como una expresión natural de tu organización interna. Ya no tienes que convencerte de que estás cambiando; simplemente respondes desde otro lugar. La identidad se actualiza de dentro hacia afuera, no desde la idea que tienes de ti, sino desde la acción que tu sistema ha adoptado.

Reescribir la identidad implica desmontar la creencia de que el cambio depende de una emoción intensa, de una epifanía o de un momento de claridad. La identidad no se transforma por un instante luminoso; se transforma por la acumulación de pequeñas continuidades fisiológicas. El sistema nervioso reorganiza quién eres cuando detecta que cierto patrón ofrece más coherencia, más estabilidad y más vida que el anterior. El cambio identitario es, en su raíz, una cuestión de supervivencia eficiente.

Cuando esa coherencia interna emerge, aparece una sensación que la mayoría confunde con confianza, pero que en realidad es integración. Es la experiencia de que una parte de ti ya no necesita sostenerse porque se ha vuelto estructura; lo que antes era un esfuerzo ahora es un reflejo; lo que antes era un propósito ahora es una vía natural de movimiento interior. La identidad se ha reescrito no porque hayas luchado por ella, sino porque tu cerebro encontró un camino más verdadero para sostenerte.

La transformación no culmina cuando repites lo nuevo; culmina cuando lo nuevo deja de depender de ti para existir. Ese es el punto en el que la identidad cambia: cuando la conducta se vuelve tan propia que se ejecuta incluso en días inciertos, incluso cuando la motivación no aparece, incluso cuando la mente no tiene claridad, ahí es donde empiezas a habitar una versión distinta de ti misma, no porque lo decidas, sino porque tu sistema nervioso ha aprendido a serlo.

Detrás de cada cambio identitario hay un proceso fisiológico preciso. Diversos investigadores —entre ellos Damasio, LeDoux y Merzenich— han mostrado que los circuitos encargados de sostener la percepción de uno mismo se modifican cuando una conducta se mantiene con la suficiente regularidad como para alterar la prioridad de las rutas internas. Merzenich demostró que la plasticidad cortical responde tanto a aprendizajes motores como a patrones emocionales que se repiten con estabilidad; Damasio ha descrito que la identidad surge de la integración entre memoria corporal, regulación afectiva y decisiones reiteradas; y LeDoux ha documentado que los patrones afectivos pueden reorganizarse cuando nuevas respuestas se vuelven más predecibles que las antiguas. En conjunto, estas líneas revelan que el cerebro reescribe la identidad fortaleciendo o debilitando conexiones según la continuidad de lo que hacemos, no según la narrativa subjetiva que mantenemos sobre quiénes creemos ser.

"Tu identidad no está dada: se forma en la constancia de lo que eliges repetir".

-Rebeca Carey

Ejemplo aplicado: Lo que creíste que eras

Desde hace años hablas de ti como si ciertas cosas fueran parte natural de tu personalidad: tus gustos, tus intereses, la forma en que te relacionas, incluso el tipo de conversaciones que sostienes. Dices que te encanta cierto estilo de humor, que disfrutas temas que en realidad no sientes, que te identificas con dinámicas sociales que aprendiste sin cuestionarlas. Repites frases, gestos y opiniones como si hubieran nacido contigo, aunque no recuerdas en qué momento empezaste a adoptarlas.

Imagina que en tu grupo de amigos, por ejemplo, todos hablan con entusiasmo de un tipo de música, de cierto estilo de vida, de una forma de "vivir ligero" que incluye conversaciones superficiales, validaciones rápidas y la idea de que el sexo casual es una muestra de libertad. Al principio observas desde fuera, pero poco

a poco comienzas a repetir los mismos códigos. Te ríes cuando ellos se ríen, opinas lo que ellos opinan, hablas en un tono que no sabes si te pertenece. Con el tiempo, esa repetición constante se convierte en un guion que ejecutas sin pensar.

No lo haces por engaño; lo haces porque la identidad también se construye así: absorbida, imitada, reforzada por la pertenencia. Lo que ellos afirman te parece familiar; lo que ellos celebran, tú lo celebras. Las conversaciones que ellos sostienen se vuelven las conversaciones que tú sabes sostener; lo que antes te era ajeno poco a poco empieza a sentirse propio simplemente porque lo practicas con frecuencia.

Sin darte cuenta, comienzas a hablar de ti mismo utilizando palabras que aprendiste en ese entorno. Te describes como alguien que "es así", que "siempre ha sido así", aunque ese "siempre" no tenga un origen claro. No distingues si el gusto surgió de ti o si nació de la repetición. No sabes si esa identidad responde a tu naturaleza o si es solo el reflejo de una convivencia prolongada.

Es un escenario común: una identidad construida no desde lo auténtico, sino desde lo disponible. Una identidad que se moldea con el ambiente y cuyas capas se acumulan sin que notes cuáles son tuyas y cuáles pertenecen al ecosistema que te rodea.

Neuropráctica: Trazos prestados

La identidad no se construye únicamente con lo que eliges; también se forma con lo que adoptas cuando no tienes claridad interna. Esta práctica busca que observes esas capas que un día tomaste del entorno, de las personas o de circunstancias que te moldearon sin que lo supieras.

Durante un momento del día, elige un aspecto concreto de tu vida: un gusto particular, una afición, un estilo que consideras "tuyo", una forma de expresarte o un interés que repites desde hace años. No importa si es algo enorme o algo minúsculo. Lo importante es que haya permanecido lo suficiente como para que lo nombres como parte de quién eres.

Ahora pregúntate en qué momento apareció ese rasgo. Pero no

lo hagas para buscar una fecha exacta, sino para rastrear las circunstancias que lo rodearon, observa si surgió en una etapa en la que te sentías desorientado, solo, confundido o necesitado de pertenencia. Muchos gustos que hoy defiendes con convicción nacieron en periodos en los que no tenías una identidad estable y tomaste lo primero que te ofreció un sentido de forma, incluso si no provenía de tu naturaleza.

Tal vez adoptaste un interés porque una persona significativa lo tenía y querías permanecer cerca; tal vez imitaste un estilo porque admirabas un grupo y buscabas ser aceptado; tal vez abrazaste una afición intensa —música, deportes, grupos sociales, vestimenta, dinámicas de interacción, temas de conversación, conductas "liberadas"— porque necesitabas una referencia externa que te organizara cuando por dentro no había estructura. En esos momentos, no elegiste desde autenticidad: elegiste desde supervivencia identitaria.

Con suavidad, pregúntate qué parte de ese rasgo proviene realmente de ti y qué parte nació de un vacío o de la influencia de alguien más. No intentes modificar nada; no estamos en la fase del cambio, solo distingue, reconoce si ese gusto o conducta ha sido una forma de sostenerte en un momento en que necesitabas una identidad urgente para no sentirte perdido.

La práctica consiste en observar el origen de tus rasgos sin juzgarlos. Muchos fragmentos de tu identidad surgieron porque en su momento fueron necesarios. Verlos con claridad no te obliga a cambiarlos ahora; solo te permite reconocer de dónde vienen.

La identidad no es un objeto que se hereda: es un terreno donde a veces se siembran cosas que no elegiste y que, con el tiempo, confundiste con tu esencia.

Durante este ejercicio, mantén presente una idea: incluso lo que tomaste prestado tuvo una función. La pregunta ahora es si te sigue siendo propio o si solo lo sostienes por costumbre.

TERRENO ABIERTO

Has llegado a este punto con un mapa interno que no estaba disponible cuando comenzaste, lo que antes parecía confuso o inestable empieza a mostrar su forma real: un sistema vivo que registra, interpreta y responde a cada experiencia con una precisión que habías pasado por alto.

Has visto que el cuerpo no es un acompañante silencioso, sino el archivo donde tu historia está inscrita; que sus sensaciones no son ruido, sino información; que su lenguaje antecede al pensamiento y dirige, en gran medida, la forma en que te vinculas con lo que te rodea.

Comprendiste que las emociones no son interrupciones de tu estabilidad, sino procesos fisiológicos que reflejan la lectura que tu sistema hace del mundo. Cada emoción es un dato: un ajuste interno, una señal de relevancia, una respuesta antigua que se actualiza en milisegundos, no son irracionales; son exactas. Son la forma más antigua que tiene la vida de comunicarse consigo misma, y en la medida en que has aprendido a distinguir su origen, su peso y su temporalidad, te has acercado a una comprensión más honesta de ti mismo.

Aprendiste también que tu atención no es un foco voluntario, sino un mecanismo que organiza tu experiencia. Que la forma en que atiendes determina la forma en que sientes, y que la estabilidad atencional es la arquitectura donde se sostiene todo aprendizaje emocional. Entendiste que la dispersión no es un descuido personal, sino un reflejo de un sistema que intenta procesar más de lo que puede; y que la presencia no es un ideal abstracto, sino una condición fisiológica que habilita la plasticidad.

A lo largo de este trayecto, descubriste que tus patrones no nacen de la voluntad, sino de la repetición. Que gran parte de lo que haces no proviene de decisiones conscientes, sino de rutas antiguas que el cerebro conserva porque funcionan... incluso cuando ya no te sirven.

Observaste cómo una conducta puede repetirse hasta volverse identidad, cómo una emoción puede reorganizar tu interpretación del mundo, cómo una sensación puede convertirse en destino cuando no es comprendida y al mismo tiempo, comprendiste algo esencial: nada de eso es inamovible.

Lo que llamas "yo" nunca fue una pieza fija: ha sido una estructura en permanente negociación con tu historia; entendiste que muchos de tus gustos, preferencias, modos de hablar o formas de estar surgieron en momentos en los que necesitabas sostenerte, no expresarte. Que imitaste lo que te daba pertenencia, adoptaste lo que te ofrecía forma, abrazaste lo que te ordenaba por fuera cuando por dentro no había un lugar donde apoyarte. No porque fueras alguien sin criterio, sino porque todo sistema humano recurre a lo disponible cuando la identidad aún no tiene cimientos propios.

Este camino te ha mostrado que tu identidad no es una esencia pura ni una construcción ajena, sino una composición viva: partes que elegiste, partes que heredaste, partes que surgieron en momentos en los que necesitabas una dirección inmediata. Y, sobre todo, te reveló algo fundamental: tu identidad no está terminada.

Sigue moviéndose, sigue negociando con cada experiencia, sigue reorganizándose en función de la calidad de tu estado interno y de la constancia de aquello que prácticas.

Has comprendido que dentro de ti existe plasticidad: un mecanismo que no necesita fuerza de voluntad para cambiar, sino condiciones internas para aprender.

Que tu sistema no se transforma por imposición, sino por coherencia; no por intensidad, sino por repetición estable; no por deseo, sino por disponibilidad fisiológica. Y esta comprensión, aunque parezca mínima, ya es un movimiento.

No hacia una resolución, sino hacia una forma distinta de relacionarte contigo mismo.

Aquí no termina nada.

Aquí comienza una apertura.

Una apertura hacia un modo de existir en el que ya no reaccionas solo desde lo aprendido, sino desde lo que puedes construir.

Un espacio donde tus respuestas dejan de ser ecos del pasado y comienzan a convertirse en elecciones posibles.

Una fase en la que tu sistema, por primera vez, tiene la oportunidad de reorganizarse desde adentro, con dirección, claridad y coherencia.

Has entrado en un territorio donde comprenderte ya no es suficiente.

Donde lo que viste necesita volverse práctica.

Donde tu biología espera señales nuevas para reescribir rutas antiguas.

Has abierto el terreno.

Ahora, desde aquí, puede comenzar la transformación.

"La coherencia se construye en la práctica y solo existe cuando el cuerpo ha desarrollado la capacidad de encarnarla".

Rebeca Carey

PARTE II

EL MÉTODO MOMENTUM

"Todo cambio verdadero comienza en el instante en que decides habitarte con intención".

-Rebeca Carey

Hay momentos en los que una persona reconoce que comprender ya no es suficiente. La claridad que surge al observar la propia mente abre una puerta, pero esa puerta no conduce a la transformación por sí sola. El entendimiento es luz, sí, pero la luz no cambia el paisaje: solo revela sus contornos. Para modificar un proceso interno necesitas algo más que ver; necesitas avanzar. Necesitas una estructura que te permita llevar esa claridad hacia un movimiento real dentro de ti.

Todo cambio humano profundo requiere un orden; no un orden rígido, sino un orden con propósito, un orden que le dé al sistema nervioso la estabilidad necesaria para reorganizarse sin confundirse ni agotarse.

Esa estabilidad no surge espontáneamente; se cultiva, y se cultiva a través de un método que se sostenga en el tiempo, que tenga una lógica interna y que conduzca a la mente a un punto donde lo nuevo pueda asentarse sin perderse en la inercia de lo antiguo.

El Método Momentum nace de esa necesidad, es la estructura que permite que un proceso de transformación tenga dirección, ritmo y fundamento; no es un conjunto de ejercicios dispersos ni una serie de prácticas inspiracionales. Es un método preciso, cada paso está diseñado para cumplir una función específica; cada etapa responde a un principio neurobiológico; cada repetición se integra en el sistema como una señal que indica hacia dónde debe reorganizarse.

Momentum es una arquitectura. Una forma coherente de habitar el cambio para que la mente encuentre un camino claro que pueda seguir.

La transformación no ocurre cuando haces algo diferente un día, sino cuando lo sostienes con la continuidad suficiente como para que se vuelva parte de ti. Ese es el corazón de Momentum: traducir la intención en repetición deliberada y la repetición deliberada en identidad. El método no te pide perfección; te pide dirección. No te exige fuerza, sino constancia, y esa constancia requiere un orden: necesita un mapa, una secuencia que guíe tu atención, tu emoción y tu acción hacia un mismo lugar.

Momentum es ese lugar: el punto donde tu mundo interno deja de estar fragmentado y comienza a alinearse. Es un método que necesita ser seguido al pie de la letra, porque su eficacia no reside en la inspiración del momento, sino en la secuencia que lo estructura. Cada parte sostiene a la siguiente, y cada gesto diario envía un mensaje claro al cerebro: "aquí está el camino". Cuando el sistema recibe señales consistentes, responde; cuando recibe señales contradictorias, se confunde. Por eso este método no es una sugerencia, sino una guía: una guía diseñada para permitir que el cambio sea sostenible, profundo y real.

En esta sección conocerás la esencia del método: cómo funciona, por qué se organiza de esta manera y qué transforma dentro de ti cuando lo sigues con fidelidad. Verás cómo tres puntos de cambio bien elegidos pueden reorganizar patrones completos de tu vida, y por qué un proceso sostenido de tres meses crea raíces donde antes solo había intención dispersa. También comprenderás que el entrenamiento diario no es una disciplina rígida, sino un lenguaje constante que le enseña a tu mente a reconocerse y orientarse en una nueva dirección.

Aquí no buscamos que improvises tu proceso, sino que lo habites con claridad. El Método Momentum no pretende adaptarse a tus impulsos; pretende acompañar tus ritmos y sostener tu intención. Su fuerza no está en su flexibilidad, sino en su precisión.

Es un método que se sigue paso a paso porque en ese orden reside la posibilidad real de transformación.

A partir de este punto, la comprensión que adquiriste toma forma. Lo que era conocimiento se convierte en práctica, lo que era teoría se vuelve camino, y lo que parecía inalcanzable comienza a volverse posible, no por milagro, sino por estructura. Este es el territorio donde el cambio deja de ser una aspiración y empieza a ser una dirección; la arquitectura que sostiene tu proceso y el método que te permitirá transformar lo que ya sabes en aquello que eres capaz de sostener en el tiempo. Aquí comienza Momentum.

"La constancia no nace de la fuerza, sino del sentido. Cuando encuentras ese sentido, el método hace el resto".

-Rebeca Carey

CAPÍTULO VII

El Poder Del Momentum

El comportamiento humano no se sostiene en impulsos aislados, sino en dinámicas internas que se organizan con una precisión que rara vez percibimos de manera consciente. Todo cambio, incluso el más pequeño, comienza como una variación en esa dinámica: un desajuste sutil en la forma en que dirigimos la atención, en cómo procesamos una emoción o en el ritmo con el que actuamos. Ese desajuste no es un error, sino una invitación: el indicio de que la mente ha comenzado a reconocer la posibilidad de moverse en otra dirección.

En la vida interna opera un principio similar al del movimiento físico: nada cambia sin una fuerza inicial que altere el estado previo. Esa fuerza no siempre es intensa. A veces se manifiesta como un desplazamiento casi imperceptible en el tono emocional, un pensamiento que emerge con una claridad nueva o una intuición que señala una orientación distinta. Aunque tenue, tiene una cualidad fundamental: introduce dirección.

La dirección no es lo mismo que el deseo ni equivale a la motivación. Es un vector interno que organiza la energía conductual. Cuando aparece, incluso sin que sepas aún cómo recorrerla, tu mundo interno comienza a reacomodarse alrededor de esa posibilidad. El sistema nervioso interpreta esa señal como un punto de referencia y, a partir de ahí, empieza a modificar patrones que antes parecían inamovibles.

A este fenómeno lo llamamos Momentum. No es un estado emocional ni una inspiración repentina, sino un proceso dinámico en el que distintas funciones de la mente —atención, emoción, memoria e intención— comienzan a sincronizarse en torno a una misma línea de avance. En términos neuroconductuales, el sistema reduce la dispersión y aumenta la coherencia; en términos humanos, algo dentro de ti empieza a caminar.

Momentum no es todavía el cambio, pero es la condición que lo hace posible. Es la fase en la que el sistema comienza a organizarse antes de ejecutar, como ese segundo casi imperceptible en el que el cuerpo ajusta el equilibrio antes de dar un paso. La mente necesita esa preparación: un marco interno que le permita sostener la transición. Y nada crea ese marco con más fuerza que una dirección clara.

Este capítulo explora el fenómeno que da nombre al método: ese movimiento interno que antecede a toda transformación sostenida. Aquí no hablamos de prácticas ni de ejercicios, sino de los principios que permiten al cambio surgir, acumularse y persistir. Exploraremos la naturaleza del impulso, su energía, su ritmo, su fisiología y su lenguaje profundo.

Momentum es el estado en el que la vida interna deja de estar en reposo y comienza a desplegarse. Comprender este fenómeno es indispensable antes de aprender a dirigirlo, porque para transformar algo, primero es necesario reconocer cómo se mueve.

Qué Significa "Momentum" Desde La Neurociencia y Psicología del cambio

El Momentum no irrumpe como una revelación súbita ni aparece por azar. No es un estado que la vida ofrece espontáneamente, sino la consecuencia natural de entrar en un proceso que tiene forma, intención y dirección. Cuando una persona decide iniciar el Método Momentum, algo en su mundo interno comienza a acomodarse. No se trata aún de un cambio visible, sino de una reorientación profunda: un reconocimiento íntimo de que ya no se trata de intentar cambiar, sino de caminar dentro de una estructura capaz de sostener la transformación.

Esa entrada al método inaugura un movimiento más sutil que la acción externa. Es un desplazamiento interno que no depende de la fuerza ni del entusiasmo, sino de la claridad que surge cuando existe un camino definido. Al comenzar el proceso, la mente no cambia de inmediato, pero deja de operar desde la completa dispersión. Se abre un espacio donde la intención empieza a tener un lugar al cual aferrarse, un punto de coherencia que antes no estaba tan presente. Este primer reacomodo es el germen del Momentum.

A medida que avanzas en el método, la experiencia interna se vuelve más discernible. Comienzas a notar que lo que antes parecía caótico encuentra un orden incipiente. La energía que antes se repartía entre múltiples direcciones comienza a concentrarse, no por esfuerzo, sino por orientación. Esa concentración no se vive como restricción, sino como alivio: la sensación de que, por primera vez en mucho tiempo, tu mente tiene un eje y ya no necesita dividirse para sostenerlo todo. Esta dirección emergente es una de las primeras manifestaciones claras del Momentum.

Con el tiempo, el Momentum adquiere una tonalidad emocional distinta. La duda y la resistencia no desaparecen, pero disminuyen su poder: ya no ocupan todo el espacio ni dictan cada movimiento interno. La experiencia humana del Momentum es precisamente esta: descubrir que las emociones pueden existir sin gobernarte, que los hábitos antiguos pueden aparecer sin convertirse en el centro y que la intención puede sostenerse aun cuando la incertidumbre haga ruido.

Este proceso no ocurre en un solo instante, sino como una acumulación de pequeños ajustes. Al principio se percibe como una orientación suave; después, como una claridad más estable; finalmente, como una forma de estabilidad interior que no depende del estado emocional del momento, sino de la dirección que ya comenzaste a construir. No se trata de sentirte bien, sino de sentirte encaminado hacia una dirección, y ese sentir es una de las señales más nítidas de que el Momentum se está consolidando dentro de ti.

El Método Momentum está diseñado para activar y fortalecer esta experiencia de manera progresiva. Su estructura no existe para imponerte disciplina, sino para ofrecer a este estado de alineación un contenedor donde crecer. Cada parte del proceso —cada reflexión, cada decisión, cada pequeño avance— refuerza la dirección que elegiste. El método no te pide que generes Momentum por tu cuenta: te ofrece la arquitectura que lo hace posible y te acompaña en la construcción de un estado interno que, una vez establecido, sostiene el resto del camino.

Por eso, la experiencia humana del Momentum no es un evento aislado ni un instante extraordinario. Es una construcción silenciosa que surge cuando entras en un método capaz de ordenarte desde dentro. Es el resultado de un proceso que organiza tu intención, armoniza tus emociones y te ayuda a sostener un movimiento que, de otro modo, se diluiría. Es desde esta coherencia —y no desde la fuerza— que la transformación comienza a hacerse real.

Desde la psicología del comportamiento, Momentum se reconoce como un estado emergente en el que distintas funciones internas comienzan a alinearse alrededor de una misma dirección. No es un estado emocional, sino un patrón organizativo. La mente deja de operar como un conjunto de piezas aisladas —deseos, por un lado, hábitos por otro, emociones en tensión, dudas que frenan— y empieza a funcionar como un sistema orientado. Esa orientación es la señal de que el proceso interno ha comenzado a tomar forma.

El primer elemento psicológico que se transforma cuando entras en el Método Momentum es la atención. Antes de iniciar el proceso, la atención suele dispersarse entre múltiples preocupaciones, interpretaciones y demandas internas. Pero cuando comienzas a trabajar con una dirección clara, la atención empieza a concentrarse de manera espontánea. No por obligación, sino porque la mente reconoce que existe algo que merece el centro. Este ajuste es pequeño pero determinante: sin atención alineada, ningún cambio puede sostenerse.

El segundo elemento que se reorganiza es la intención. En la psicología del cambio, la intención no se define solo por lo que quieres, sino por la capacidad de mantener la elección a lo largo del tiempo. Cuando entras en el método, la intención comienza a estabilizarse. Ya no es un deseo que fluctúa; se convierte en un compromiso interno. La intención deja de ser un movimiento aislado y empieza a convertirse en una dirección sostenida.

El tercer elemento es la ambivalencia, ese estado interno en el que coexisten partes que desean avanzar y partes que se resisten. La ambivalencia no desaparece, pero pierde protagonismo. Empieza a ocupar un espacio más pequeño dentro de ti. Poco a poco, las tensiones internas dejan de tener el mismo peso, y la mente comienza a favorecer la dirección del método. Esto no ocurre por motivación emocional, sino porque la estructura del proceso reduce la necesidad de debatir internamente cada paso.

El cuarto elemento que surge es el sentido: el puente que une emoción, intención y acción. Cuando una persona comprende por qué avanza, el camino deja de sentirse forzado. El método no exige sentirse listo; exige contar con una dirección clara. Y cuando existe orientación, aparece una sensación de significado que actúa como una fuerza estabilizadora. No se trata de entusiasmo, sino de propósito. Y el propósito es inherentemente más estable que la motivación.

El quinto elemento es la emergencia de la autoeficacia. No se trata de proyectar confianza en capacidades futuras, sino de reconocer que es posible sostener el paso que se está dando ahora. En esta fase, la mente deja de preguntarse "¿podré con todo esto?" y comienza a formular una pregunta distinta: "¿qué me corresponde sostener hoy?". Este desplazamiento en la pregunta interna es uno de los indicadores más claros de que el Momentum psicológico se está consolidando.

Finalmente, Momentum reorganiza el diálogo interno. La voz que antes aparecía fragmentada —crítica, duda, impulso, miedo— comienza a presentar menos contradicción, no porque esas voces desaparezcan, sino porque existe una dirección más clara que organiza la conversación interna. Ya no es necesario convencer cada día a la propia mente: la dirección asumida realiza parte del trabajo. En términos psicológicos, este proceso se conoce como integración: el punto en el que distintas partes del mundo interno encuentran un orden compartido.

La experiencia psicológica del Momentum no es un estado ideal ni un momento de claridad absoluta. Es una forma de armonía interna que permite avanzar aun cuando la emoción no es perfecta y la mente no se encuentra completamente estable. Es el reconocimiento de una fuerza que no depende de la intensidad, sino de la coherencia que el método permite cultivar.

"La dirección sostenida es el umbral de toda transformación".

-Rebeca Carey

Desde la neurociencia, el cambio no ocurre porque una persona lo desea; ocurre porque el sistema nervioso encuentra las condiciones necesarias para reorganizarse. Ese proceso de reorganización es lento, progresivo y profundamente estructural. Dentro del Método Momentum, esta reorganización no surge como una consecuencia secundaria: es el objetivo mismo. El método está diseñado para que la biología pueda acompañar la dirección que se elige, y es en ese acompañamiento donde aparece el Momentum como estado.

Al comenzar el método, el cerebro se encuentra con algo poco común en la vida cotidiana: una dirección sostenida en el tiempo. La mayoría de las decisiones diarias cambian rápidamente de prioridad; el método, en cambio, establece una línea clara, reiterada y estable. Esto modifica la dinámica habitual de la corteza prefrontal. Esta región, encargada de organizar el pensamiento, regular emociones y sostener metas, comienza a trabajar con mayor solidez. La claridad externa se convierte en claridad interna. La mente deja de dispersar recursos en múltiples rutas posibles y empieza a orientarse hacia una sola, permitiendo que el sistema reduzca esfuerzo y aumente precisión.

Mientras la prefrontal ofrece dirección, el sistema emocional comienza a percibir una señal distinta. La amígdala, que habitualmente reacciona ante incertidumbre o vulnerabilidad, deja de interpretar cada paso como una posible amenaza. La estructura del método —con su ritmo, sus instrucciones y su lógica interna— genera un entorno predecible. Esa previsibilidad disminuye la sensación de peligro y reduce la activación emocional innecesaria. No se trata de eliminar el miedo, sino de cambiar la lectura que el cuerpo hace de él. Donde antes había alarma, ahora hay vigilancia consciente; donde antes había reactividad, ahora hay apertura.

En paralelo, emerge un cambio clave: la dopamina deja de asociarse exclusivamente con resultados rápidos o estímulos intensos y comienza a responder al avance sostenido. La dopamina no favorece la velocidad: favorece la dirección. Cuando el método te invita a repetir pequeñas acciones significativas día tras día, el sistema dopaminérgico empieza a reconocer ese patrón como un trayecto valioso. Este reconocimiento transforma la motivación: ya no depende de un estado emocional, sino de la continuidad. Por eso, dentro del método, la constancia deja de sentirse forzada y empieza a sentirse natural.

A medida que estos elementos se integran, distintas redes cerebrales comienzan a reorganizar su funcionamiento. La red de control ejecutivo fortalece progresivamente las conexiones que sostienen la atención y la memoria de trabajo, favoreciendo circuitos más eficientes para la toma de decisiones. Al mismo tiempo, la red por defecto —asociada a la rumiación y al pensamiento automático— reduce su predominancia. No desaparece, pero comienza a ceder espacio a procesos más deliberados y orientados. De este modo, el cerebro deja de reproducir patrones por inercia y empieza a generar patrones a partir de elecciones conscientes.

Al mismo tiempo, la interocepción —la capacidad de sentir lo que ocurre dentro del cuerpo— se vuelve más estable. El método no solo organiza la mente: organiza las sensaciones internas. Cuando el cuerpo se habitúa al ritmo del proceso, deja de interpretar la novedad como un sobresalto fisiológico y comienza a percibirla como un ciclo esperado. Esta estabilidad corporal es esencial: sin ella, la mente no puede sostener cambios prolongados. Un sistema nervioso que se siente seguro es un sistema capaz de modificar sus rutas.

A nivel más profundo, el método activa un principio que suele pasar desapercibido: la coherencia neuroconductual. La coherencia no significa perfección emocional ni control absoluto. Significa que diferentes sistemas internos —cognitivos, emocionales, motivacionales y corporales— empiezan a trabajar hacia un mismo propósito. La mente deja de fragmentarse. La energía que antes se invertía en conflictos internos, dudas y reactividad se libera para sostener dirección. El sistema reconoce que puede avanzar sin desgastarse y, poco a poco, adopta esa dirección como su nueva normalidad.

Cuando esta coherencia aparece, el Momentum se hace evidente. No como una emoción intensa, sino como una percepción interna de continuidad. Es un estado en el que la intención no lucha contra la resistencia, sino que la sobrepasa con estabilidad. Una sensación de que, incluso en los días difíciles, algo dentro de ti sigue orientado. Es una fuerza tranquila, profunda, constante. Una fuerza que no empuja: acompaña.

Por eso el Método Momentum es eficaz: no acelera el proceso, lo acompaña. Trabaja con la biología del cambio, no contra ella.

El Momentum —en su raíz neurofisiológica— puede comprenderse como un estado en el que el sistema nervioso comienza a colaborar con la intención en lugar de oponerse a ella. Es la convergencia de dirección, estabilidad, previsibilidad y sentido: el punto en el que la biología deja de empujar hacia lo conocido y empieza a acompañar aquello que se elige.

"Momentum es el proceso mediante el cual la biología deja de resistir la evolución".

-Rebeca Carey

Todo proceso de transformación necesita un punto de partida interno. No un deseo, no una inspiración, no una promesa: necesita un estado. Un estado que permita que la mente deje de fragmentarse, que el cuerpo deje de defenderse y que la intención pueda sostenerse en el tiempo real, no en el entusiasmo del momento. Ese estado es el Momentum. Sin él, el intento de cambiar surge desde lugares que no pueden sostener la continuidad: la motivación, la fuerza de voluntad, la urgencia o la incomodidad. Todos son impulsos breves, incapaces de estabilizar una transformación profunda.

El Momentum cumple una función que nada más puede suplir: convierte la intención en dirección. Una dirección que no se quiebra con la emoción variable del día, ni con el cansancio, ni con el ruido interno. Cuando existe Momentum, la mente ya no necesita luchar por la constancia; la constancia se vuelve consecuencia de la dirección. La atención deja de dispersarse, la resistencia disminuye, la ambivalencia pierde fuerza y la persona comienza a avanzar aun cuando no todo esté claro. Esto no es magia; es organización interna.

Sin Momentum, el proceso se rompe inevitablemente. La persona comienza con entusiasmo, se encuentra con resistencia, siente retroceso y abandona. No porque no quiera cambiar, sino porque su sistema nunca entró en el estado que permite sostener el cambio. La mente dispersa, el cuerpo en alerta y la intención fragmentada jamás podrán sostener una práctica constante. Por eso tantos procesos se quedan en intención y no llegan a acción: porque nunca se creó el estado que hace posible la continuidad.

Por el contrario, cuando el Momentum ya está activado —cuando la dirección interna está alineada, cuando el sistema encuentra estabilidad en el ritmo, cuando el cuerpo coopera en lugar de resistirse—, el cambio deja de ser un esfuerzo aislado y se convierte en un proceso vivo. En este estado, cada pequeño paso refuerza al siguiente. La mente reconoce el patrón, el cuerpo lo sostiene y la identidad empieza a reorganizarse alrededor de la nueva dirección. La transformación no ocurre por fuerza, sino por coherencia.

El Método Momentum existe precisamente para generar este estado. Su estructura no está diseñada para inspirar, sino para reorganizar; no busca motivar, sino dirigir. No pretende empujarte, sino acompañarte en la creación de un estado interno capaz de sostener el avance. Cuando el Momentum se establece, el método se vuelve un cauce; cuando no lo hace, se percibe como una carga. Por eso, la primera función del método es construir Momentum, y la segunda, conservarlo mientras la transformación se despliega.

Este estado es la base de todo lo que viene después. Sin Momentum, los ejercicios serían prácticas aisladas; con Momentum, se convierten en señales que el sistema integra. Sin Momentum, el proceso sería una secuencia de intentos; con Momentum, se vuelve trayectoria. Sin Momentum, cualquier avance sería frágil; con Momentum, cada paso fortalece al siguiente.

Por eso, antes de hablar del impulso, la energía y la dirección —los elementos que dan movimiento real al proceso— es necesario comprender la condición interna que los hace posibles. El impulso sin Momentum se dispersa. La energía sin Momentum se agota. La dirección sin Momentum no se sostiene.

Cuando este estado comienza a madurar, la transformación deja de sentirse lejana y empieza a adquirir un movimiento propio. Ya no depende únicamente de la intención o de la disciplina, sino del cauce interno que el Momentum ha construido. Lo esencial no es solo sostener esa base, sino comprender el impulso que nace de ella y la energía que comienza a orientarse hacia un rumbo claro.

"Cuando la coherencia aparece, la lucha se aquieta y la intención fluye".

-Rebeca Carey

La Física Del Comportamiento Humano

El impulso no es una explosión emocional ni un arranque momentáneo de entusiasmo. Es la chispa que inicia un movimiento interno y lo proyecta hacia afuera. Mientras el Momentum describe el estado que permite que la mente se organice, el impulso es la primera expresión visible de esa organización: la fuerza que convierte un estado potencial en un acto inicial. Sin impulso, la dirección se queda en idea; con impulso, la dirección se vuelve movimiento.

En la vida psicológica, el impulso auténtico aparece cuando la persona deja de operar desde la reacción y comienza a operar desde la elección. La reacción es inmediata, automática, heredada del hábito o del miedo. El impulso, en cambio, es deliberado: no nace del miedo, sino del reconocimiento de un camino posible. Es un movimiento que surge desde un punto de conciencia, no desde un reflejo. Esta diferencia transforma por completo la calidad de la acción.

El impulso humano surge cuando existe suficiente claridad para dar un primer paso, pero no necesita que todo esté definido. No depende de la certidumbre completa, sino de la convicción suficiente para comenzar. Es un movimiento que no exige garantías; exige coherencia. Por eso el impulso nunca es improvisación: es la consecuencia natural de haber encontrado un eje interno desde el cual avanzar.

El cuerpo también participa en esta primera fuerza. Antes de cualquier gesto externo, existe una activación interna: un aumento en la vitalidad, una disposición a moverse, una apertura somática que señala que el sistema está listo para salir del reposo. Esta activación es mínima, pero decisiva. No perturba, no altera, no invade; prepara. Es una energía que se concentra, no que se desborda.

El impulso auténtico no se parece a la impulsividad. La impulsividad empuja sin dirección; el impulso inicia con sentido. La impulsividad es un exceso de energía sin contención; el impulso es un movimiento preciso que sabe hacia dónde orientarse. En términos humanos, la impulsividad busca alivio; el impulso busca avance.

Esa distinción es fundamental para comprender la física interna del comportamiento.

Dentro del Método Momentum, el impulso no es la meta: es el inicio del trayecto. El método no busca que la persona "haga más", sino que haga desde un punto interno más claro, más alineado y consciente. El impulso es la primera expresión palpable de esa claridad. No se fuerza, no se fabrica, no se impone. Surge porque el sistema ya no está inmóvil, y porque la intención comienza a traducirse en movimiento.

Cada vez que aparece esta fuerza, algo cambia en la manera en que la persona se relaciona con su proceso. El avance deja de sentirse abstracto. La acción deja de sentirse ajena. La dirección deja de ser una representación mental y comienza a convertirse en un camino que se inicia paso a paso. El impulso inaugura este tránsito: es el puente entre la quietud y la trayectoria.

Y es aquí, en este punto, donde comienza a tomar forma la segunda fuerza esencial del comportamiento humano: la energía que sostiene lo que el impulso inicia.

Hay una forma de energía que no se mide en intensidad, sino en disponibilidad. Es la energía que permite sostener un proceso sin quebrarlo, avanzar sin agotarse y mantener el rumbo, aunque las emociones varíen. Esta energía no surge del entusiasmo ni de la adrenalina del inicio; se forma cuando tu mundo interno comienza a organizarse alrededor de algo que tiene sentido. Es un combustible silencioso, más profundo que la motivación y más estable que el ánimo.

En los procesos humanos, la energía se mueve de acuerdo con la manera en que pensamos, sentimos y decidimos. Cuando la mente se dispersa, la energía se fragmenta con ella; cuando la mente se alinea, la energía encuentra un cauce más claro. No se trata de tener más o menos energía, sino de cómo se distribuye. Una vida interna saturada de dudas consume fuerza de manera constante. Una vida interna que encuentra un eje puede sostener un movimiento sin perderse en la confusión.

A veces, lo que más agota no es el esfuerzo del cambio, sino la cantidad de batallas internas que se libran antes de dar un paso. Cuando el proceso está lleno de contradicciones, la energía se desgasta antes de que el avance siquiera comience. Por eso el método ofrece un marco de referencia que reduce decisiones, elimina ruido y disminuye el costo emocional de avanzar. En ese espacio deliberado, la energía deja de invertirse en discutir consigo misma y se vuelve disponible para el proceso que importa.

También el cuerpo interviene en este equilibrio. Hay un punto en el que las sensaciones dejan de ser alarmas y comienzan a ser información. Cuando existe un método que sostiene, el cuerpo puede relajarse sin perder atención. La previsibilidad del proceso disminuye la tensión fisiológica que suele acompañar a los cambios, y esa disminución libera energía que antes estaba retenida. Un cuerpo que no está en alerta es un cuerpo que puede avanzar con más constancia.

La emoción, por su parte, no tiene que ser perfecta para sostener el cambio. Lo único que necesita es no convertirse en un obstáculo que consuma todas las fuerzas internas. Cuando la emoción encuentra un lugar legítimo dentro del proceso —cuando puede ser sentida sin ser temida— deja de exigir tanta energía para ser controlada. La energía que antes se destinaba a contenerla se vuelve disponible para sostener el avance. La emoción no desaparece, pero ya no interrumpe.

Incluso la motivación se transforma cuando el proceso se estabiliza. La inspiración intensa es poderosa, pero efímera; la convicción, en cambio, no necesita estallar para sostener. Cuando el proceso tiene sentido, la energía no se renueva a partir de la emoción del día, sino de una fidelidad interna a aquello que estás construyendo. El sentido es más constante que el entusiasmo, y esa constancia es la que preserva la energía que sostiene la transformación.

Con cada paso que confirma que el proceso avanza, la energía encuentra nuevas rutas. No porque crezca en cantidad, sino porque se pierde menos en resistencias, dudas y esfuerzos improductivos. La repetición ordenada crea un ritmo interno que el sistema reconoce como seguro. En ese ritmo, la energía se estabiliza y se vuelve más dócil, más accesible, más disponible. No presiona ni exige: sostiene.

En este punto, la energía se convierte en el terreno donde la tercera fuerza esencial del comportamiento humano puede desplegarse: la dirección. Sin energía, la dirección no se sostiene; sin dirección, la energía se dispersa. Cuando ambas se encuentran, el movimiento deja de ser un esfuerzo aislado y se vuelve un proceso vivo.

La dirección no es un destino ni una meta; es la arquitectura interna que organiza el camino. En los procesos humanos, la dirección funciona como un eje silencioso que orienta pensamientos, emociones y acciones sin necesidad de imponerse. No exige intensidad ni perfección: exige claridad. Cuando aparece, la vida interna deja de dispersarse y comienza a reacomodarse alrededor de un sentido que la sostiene.

MOMENTUM

A veces la dirección surge como un hilo fino, casi imperceptible, que atraviesa la complejidad del día. No ilumina todo el trayecto, pero ilumina lo suficiente para avanzar. En esa luz parcial, la mente deja de necesitar certezas absolutas y comienza a moverse con lo que sabe. Esta capacidad de avanzar sin verlo todo es una expresión madura de dirección: un modo de caminar desde lo que está claro, sin detenerse en lo que aún no lo está.

En la vida, la dirección opera como una corrección constante. No dicta cada paso, pero evita que el proceso se pierda. Cuando la persona se desvía, la dirección la trae de vuelta sin violencia, como una brújula interna que no se impacienta. Esta estabilidad es la que permite sostener el avance incluso cuando el día es difícil, la emoción es inestable o la mente duda. La dirección no desaparece cuando algo se complica; se vuelve más necesaria.

En términos de organización interna, la dirección reduce ruido. Elimina la presión de decidir cada gesto y disminuye la tentación de abandonar cuando algo se siente incómodo. Cuando existe una dirección clara, la persona ya no necesita preguntarse "qué hago ahora": la respuesta ya está contenida en la ruta que eligió. El esfuerzo mental disminuye, la confusión cae y la mente deja de interpretar el proceso como una sucesión agotadora de decisiones.

También el cuerpo reconoce la presencia de una dirección. Cuando el sistema percibe que hay un rumbo estable, disminuye su activación defensiva y permite que el proceso avance con menos resistencia fisiológica. La dirección ofrece una sensación de orientación corporal: una forma de saber que no estás caminando hacia lo desconocido, sino hacia algo elegido. Esa diferencia transforma la manera en que el sistema sostiene la transformación.

A nivel emocional, la dirección actúa como un punto de anclaje. En momentos de miedo, cansancio o incertidumbre, recordar el rumbo que elegiste devuelve orden a lo que parecía disperso. Las emociones no se vuelven perfectas, pero se vuelven habitables. La dirección no elimina la vulnerabilidad, pero evita que la vulnerabilidad defina el proceso.

En el Método Momentum, la dirección no se improvisa: se construye y se sostiene. Cada ejercicio, cada decisión y cada repetición refuerza ese rumbo. No es una dirección rígida, sino una orientación viva. Una dirección que no exige que todo salga como esperabas, sino que te mantiene en coherencia aun cuando el trayecto cambie. Cuando la dirección se vuelve parte de tu mundo interno, el proceso deja de depender del ánimo del día.

Una dirección clara no empuja: sostiene. No acelera: ordena.

No forzará el cambio, pero creará el espacio para que el cambio pueda ocurrir. Cuando existe, las fuerzas internas dejan de competir entre sí. Cuando falta, incluso la energía más alta se dispersa. Por eso la dirección es la tercera fuerza esencial de la física del comportamiento humano: es el principio que organiza, contiene y orienta el movimiento que el impulso inicia y la energía sostiene.

Y es en la convergencia de estas tres fuerzas —impulso, energía y dirección— donde comienza a surgir algo más profundo: la dinámica real del movimiento humano.

Cuando el impulso, la energía y la dirección se encuentran, el sistema humano experimenta algo que rara vez ocurre de manera espontánea: un movimiento que no se quiebra con facilidad. En este punto, la persona deja de avanzar por momentos aislados y comienza a avanzar por continuidad. No es un cambio visible de inmediato, pero sí un cambio estructural: las fuerzas internas que antes operaban en distintas direcciones empiezan a trabajar juntas.

En los procesos reales, el movimiento no surge por acumulación de fuerza, sino por integración. El impulso inicia, pero por sí solo se desvanece. La energía sostiene, pero sin dirección se dispersa. La dirección ordena, pero sin energía no avanza. Cuando estas tres fuerzas se sincronizan, la vida interna obtiene algo que no puede fabricarse desde la voluntad: estabilidad en el movimiento. Una estabilidad que no depende del estado emocional del día, sino del arreglo interno que se ha logrado construir.

Este equilibrio no es rígido; es un tejido vivo que se ajusta con cada paso. A veces el impulso toma la fuerza principal, especialmente cuando surge un momento de claridad. Otras veces es la energía la que sostiene, cuando el trayecto requiere constancia más que entusiasmo. Y en momentos de incertidumbre, es la dirección la que guía, aun cuando el movimiento parezca lento. Ninguna de las tres trabaja sola, cada una aparece cuando la otra lo necesita.

También existe una dimensión más profunda, cuando estas tres fuerzas se alinean, el sistema humano deja de funcionar en modo de supervivencia y comienza a funcionar en modo de construcción. El cuerpo ya no se defiende: coopera, la mente ya no se debate: se organiza, la emoción ya no interrumpe: acompaña, el movimiento se vuelve posible porque el sistema deja de gastar energía en sostener contradicciones internas; la persona puede avanzar porque ya no está luchando contra sí misma.

Este estado no elimina la dificultad del proceso, pero transforma la manera en que se atraviesa. Los obstáculos ya no detienen por completo: ajustan el ritmo. La duda no paraliza: invita a revisar. La incomodidad no provoca retrocesos drásticos, sino que se integra como parte del trayecto. El avance continúa incluso cuando no todo fluye con perfección. Esa capacidad de sostener el movimiento aun en medio de la imperfección es lo que define la física interna del comportamiento humano.

A partir de la integración de estas fuerzas, el movimiento adquiere una cualidad distinta: deja de sentirse forzado y empieza a surgir con naturalidad. No requiere empujes constantes ni apelaciones a la intensidad emocional. Avanzar se vuelve la consecuencia lógica de un sistema que ya está en orden. La acción no se vive como obligación, sino como un gesto coherente con el propio interior. Esta es la diferencia entre un proceso profundo y un intento aislado: uno nace de la sincronía, el otro de la presión.

Esta dinámica interna constituye la base real de toda transformación duradera. No se distingue por acelerar el cambio, sino por sostenerlo; no por eliminar los retrocesos, sino por integrarlos sin quebrar el trayecto; no por anular la vulnerabilidad, sino por darle un lugar dentro del ciclo. Así es como se transforma la vida humana: no desde la fuerza, sino desde la coordinación interna que permite avanzar incluso en la imperfección.

Es esta coordinación la que prepara la llegada de una dimensión fundamental del proceso: el ritmo. El cambio no se fortalece con velocidad, sino con compás. Un compás que respire, que acompañe y que sostenga. Desde aquí se abre el siguiente tramo de este capítulo.

Cuando un proceso de transformación encuentra un marco capaz de sostenerlo, las fuerzas internas comienzan a ordenarse por sí mismas. Impulso, energía y dirección dejan de ser experiencias aisladas y empiezan a funcionar como un sistema. La mente reconoce la claridad, el cuerpo reconoce la estabilidad y la emoción reconoce que puede participar sin invadir. Este equilibrio es lo que permite que el cambio avance sin interrupciones.

El impulso se manifiesta en esos primeros actos que dan inicio al proceso: una decisión tomada con honestidad, un registro hecho con atención, un primer paso que confirma que ya no se trata solo de desear, sino de comenzar. Son gestos pequeños pero estructurales. Señalan que la intención ha dejado de quedarse en la mente y ha empezado a traducirse en movimiento.

A partir de ese inicio, la energía adquiere un papel central. Aquí es donde el Método Momentum ofrece una de sus mayores fortalezas: al ordenar la secuencia del proceso y definir con claridad cada paso, evita que la energía se desgaste en dudas, en interpretaciones innecesarias o en decisiones repetitivas. Al reducir el ruido interno, el método permite que la energía se mantenga disponible, se estabilice y pueda sostener lo que el impulso ya abrió.

Con la práctica, la dirección emerge como un eje interno cada vez más firme. No aparece como una exigencia, sino como una orientación que se va fortaleciendo a medida que la persona repite, reflexiona y avanza. La estructura del Método Momentum refuerza este proceso, no imponiendo una dirección, sino ofreciéndote un espacio donde la claridad puede consolidarse sin presión. La dirección no necesita imponerse cuando el propio proceso la confirma una y otra vez: se vuelve confiable, reconocible y estable.

Lo valioso es que estas tres fuerzas no funcionan como partes sueltas: se entrelazan, se sostienen, se completan. El impulso abre el movimiento, la energía mantiene su continuidad y la dirección le da forma. Cuando trabajan en conjunto, la experiencia interna cambia por completo. La persona ya no avanza por presión, sino por coherencia. La constancia deja de depender del ánimo; depende del sistema que la sostiene.

Este equilibrio inaugura una experiencia distinta del proceso: avanzar deja de sentirse pesado, tardado o incierto. Se vuelve natural. No porque el cambio sea fácil, sino porque ahora existe una estructura que lo acompaña. Y cuando esta estructura se consolida, surge la necesidad de una dimensión todavía más profunda: un ritmo que dé continuidad al movimiento y lo haga realmente sostenible.

Cuando un proceso alcanza un punto de equilibrio interno, aparece una comprensión que transforma la manera de avanzar: no todo movimiento requiere aceleración. Hay trayectos que se fracturan precisamente por intentar ir demasiado rápido. Una velocidad que no está sostenida por organización interna termina agotando al sistema y confundiendo la intención. Por eso, en los procesos de cambio profundo, la prisa no es una aliada; es una interferencia.

En cambio, cuando el sistema ya ha integrado el impulso, la energía y la dirección, el cuerpo entra en una lógica distinta. Comienza a reconocer que avanzar no depende de intensificar el esfuerzo, sino de sostenerlo con continuidad. El Método Momentum está diseñado para facilitar este descubrimiento: su estructura no exige rapidez, sino constancia; no busca que el usuario haga más, sino que haga lo que corresponde dentro del compás adecuado. Esa claridad libera al sistema del exceso de presión y reduce el desgaste que genera intentar abarcar todo de inmediato.

A medida que la persona avanza, se vuelve evidente que el cambio no prospera por acumulación de velocidad, sino por creación de ritmo. El ritmo no empuja: ordena. No impone: acompaña. No exige perfección: ofrece continuidad. En el ritmo, la mente se tranquiliza, el cuerpo coopera y la emoción deja de invadir el proceso. Es una forma de avanzar que respeta la naturaleza humana y reconoce sus tiempos internos.

Comprender el ritmo es comprender que la transformación necesita respiración. Necesita un espacio donde las prácticas puedan asentarse, donde las decisiones puedan madurar y donde las fuerzas internas puedan sincronizarse sin tensión. El ritmo crea esa respiración. Le da al proceso profundidad, no velocidad; coherencia, no prisa; continuidad, no urgencia. Por eso es la condición que permite que el movimiento se mantenga en el tiempo.

Hay procesos que se consolidan no por la intensidad con la que se viven, sino por la forma en que logran asentarse en el interior. Cuando la organización interna permite avanzar sin sobresalto, el cambio adquiere una estabilidad distinta: deja de ser algo que se intenta y empieza a convertirse en algo que se sostiene. En esa estabilidad, el esfuerzo se transforma en continuidad.

Existen momentos en los que el compás interno se vuelve evidente. No aparece como un instante de lucidez ni como un impulso repentino, sino como una manera más serena de habitar el movimiento. La prisa pierde protagonismo. La mente ya no se adelanta ni se rezaga: acompaña. El cuerpo deja de defenderse. La emoción deja de interrumpir. Todo encuentra un tempo que no exige, pero sostiene.

Desde ese equilibrio, el proceso adquiere profundidad. Las decisiones se integran, los avances se consolidan y el camino se vuelve más habitable. No es la velocidad lo que garantiza la transformación, sino la capacidad de moverse con un ritmo que respete la lógica interna del sistema. Cuando ese ritmo aparece, el cambio no solo es posible: empieza a durar.

"El sutil alineamiento interior es la manera en que la intención se convierte en trayecto".

-Rebeca Carey

Por Qué El Cambio Necesita Ritmo Y No Velocidad

Hay trayectos que se desmoronan antes de avanzar. No por falta de deseo, sino porque la velocidad rompe aquello que aún no tiene forma. La prisa intenta llenar el espacio donde debería existir una estructura. Cuando el cambio se fuerza a un ritmo para el que el sistema no está listo, el movimiento se vuelve frágil: se acelera al inicio y se detiene abruptamente después. Esa inestabilidad no es falta de voluntad; es falta de un tempo interno que pueda sostener la transformación.

El ritmo responde precisamente a esa necesidad. No busca velocidad; busca continuidad. No exige intensidad; exige presencia. El ritmo no depende de estados emocionales cambiantes, sino de una repetición que el sistema reconoce como segura. Esta seguridad no es una emoción, sino un fenómeno neurofisiológico: un organismo en ritmo mantiene su regulación, conserva su energía y procesa la experiencia con mayor claridad. La velocidad, en cambio, activa defensas. El ritmo, regulación.

En la vida mental, el ritmo crea espacio para pensar sin colapsar en exigencias. La prisa fuerza a la mente a procesar más de lo que puede asimilar, provocando saturación, juicio y desorden cognitivo. El ritmo devuelve la capacidad de comprender lo que se está viviendo, de integrar las decisiones y de sentir un avance real. La mente deja de operar en modo de emergencia y entra en un estado de procesamiento estable, donde la claridad no se acelera, sino que se profundiza.

En el cuerpo ocurre algo similar. La velocidad activa adrenalina y tensión; el ritmo activa regulación y estabilidad. No hay transformación posible en un cuerpo que interpreta el proceso como amenaza. Pero cuando el movimiento respeta un tempo interno, el cuerpo detecta señales de predictibilidad y libera recursos para adaptarse en lugar de defenderse. El ritmo no solo acompaña: transforma la disponibilidad del organismo para sostener el cambio.

Incluso la emoción encuentra un lugar distinto cuando el proceso adopta un ritmo. La urgencia amplifica el miedo a fallar, la sensación de insuficiencia y la necesidad de resultados inmediatos. El ritmo, en cambio, disminuye el ruido emocional: ofrece tiempo para sentir sin derrumbarse, para volver a elegir sin retroceder, para seguir avanzando sin exigir perfección. La emoción deja de interrumpir el proceso y comienza a integrarse a él.

El cambio humano necesita ritmo porque la vida interna necesita tiempo. Necesita un espacio para reorganizarse, para comprender lo que ha vivido, para adaptarse a lo nuevo sin quebrar lo que ya estaba en pie. La velocidad no respeta este proceso; lo presiona.

El ritmo, en cambio, lo acompaña. Y es precisamente en ese acompañamiento donde la transformación adquiere profundidad.

El Método Momentum ofrece una estructura que fortalece la continuidad del proceso y sostiene cada paso con claridad. Su diseño integra prácticas que organizan la mente, estabilizan la energía y consolidan un avance que puede mantenerse en el tiempo. Cada secuencia está creada para acompañar la transformación desde dentro, generando un ritmo interno que permite integrar lo vivido sin perder cohesión. Al operar desde esta base, el proceso adquiere profundidad y la experiencia del cambio se vuelve más estable, clara y habitable.

La profundidad del método no reside en la cantidad de acciones que propone, sino en la forma en que organiza esas acciones dentro de un ritmo que el sistema puede habitar. El proceso no exige más de lo que se puede sostener; exige que lo que se haga sea consistente. Cuando el ritmo se establece, el cambio deja de depender del ánimo del día y comienza a depender de la estructura que contiene el proceso.

Por eso el ritmo no es un detalle del cambio: es su fundamento. Es la base que permite que la intención encuentre movimiento, que el movimiento encuentre continuidad y que la continuidad se convierta en transformación. Sin ritmo, el cambio se acelera y se quiebra. Con ritmo, el cambio se sostiene y se vuelve real.

"Cuando el camino se aclara, el cambio deja de intimidar y empieza a sentirse posible. Es ahí donde nace la tranquilidad de vivir en Momentum".

Rebeca Carey

CAPÍTULO VIII

Estructura Del Método

"La estructura no limita: revela el camino".

-Rebeca Carey

El conocimiento solo adquiere fuerza cuando encuentra una forma que lo sostenga. Hasta este punto del libro, has explorado la biología que acompaña el cambio: los mecanismos que moldean tus hábitos, las rutas emocionales que organizan tu percepción y los sistemas internos que explican tus resistencias. Has comprendido que la mente no se transforma por deseo, sino por procesos que se repiten, se consolidan y, con el tiempo, se vuelven parte de tu identidad. Pero entender el cambio no basta. Toda transformación auténtica necesita estructura.

Una estructura no sirve para limitarte, sino para liberarte. La mente humana —cuando no tiene forma— se dispersa, se fatiga, se fragmenta entre impulsos contradictorios. El método, en cambio, da un cauce a esa energía: crea un camino por el que puede avanzar sin perderse. Un proceso sin estructura se convierte en un intento; con estructura, se convierte en una dirección. La estabilidad que ofrece un marco claro no es un acto de control, sino un gesto de cuidado hacia tu propio sistema nervioso. Cuando sabes qué sigue, la mente descansa y el cuerpo deja de anticipar peligro. Surge algo esencial: continuidad.

El Método Momentum fue diseñado para producir este tipo de continuidad interna. No es una colección de técnicas ni un programa de autoexigencia. Es un modo de ordenar la relación con uno mismo durante un periodo de transformación. Su fuerza reside en la manera en que articula tres movimientos esenciales —

observar, entrenar, integrar— y los distribuye en un tiempo que respeta el ritmo natural del aprendizaje humano. Tres meses no son un capricho: constituyen un ciclo biológico suficiente para que la repetición se vuelva estabilidad, para que la intención se convierta en gesto y para que el gesto se consolide como un nuevo patrón.

En este capítulo se presenta esa arquitectura. Se explora por qué elegir tres puntos de cambio resulta más eficaz que dispersar la atención en múltiples frentes; se explica por qué un sistema de plantillas mensuales, semanales y diarias no funciona como una herramienta administrativa, sino como una estrategia neuroconductual; y se muestra cómo prácticas pequeñas, repetidas en intervalos constantes, actúan como señales que el cerebro reconoce y traduce en reorganización interna.

Una estructura bien diseñada ofrece algo que pocas veces se nombra: contención. Cuando un proceso está contenido, la mente deja de medir su avance a cada paso y puede dedicarse a habitarlo. El método retira el peso de tener que decidir diariamente cómo avanzar; basta con seguir la secuencia para que la energía se invierta en la práctica y no en la duda. La claridad reduce la fricción, y la fricción reducida abre espacio para la profundidad.

Este capítulo también muestra cómo la estructura del método se adapta a la condición humana. No exige perfección ni continuidad impecable. Reconoce los momentos en que la energía fluctúa, los días en los que la atención es limitada y las semanas en las que resulta necesario ajustar el ritmo. Por eso, cada cierre mensual invita a revisar lo vivido sin juicio, y cada apertura ofrece un punto de reinicio desde el cual volver a comenzar. La estructura no busca fijar; busca acompañar.

A partir de estas páginas, lo comprendido adquiere forma. La teoría que hasta ahora ha ofrecido claridad interna se convierte en un camino habitable, con mayor estabilidad, conciencia y amabilidad. El recorrido deja de afrontarse en soledad y comienza a sostenerse en un método que traduce la intención en acciones pequeñas y sostenibles. Este es el puente entre lo que se comprende y lo que puede practicarse; entre lo que se imagina y lo que puede vivirse.

A medida que el proceso avanza, se vuelve evidente un cambio sutil pero revelador: deja de depender únicamente de la motivación del día y comienza a apoyarse en una estructura que sostiene incluso cuando el ánimo fluctúa. Ese es el propósito profundo del método: ofrecer un contenedor donde el proceso pueda madurar sin prisa, sin brusquedad y sin abandono. En este punto del camino, la transformación deja de ser un ideal lejano y comienza a vivirse como una forma de vida en evolución.

"La constancia es el lenguaje mediante el cual la mente aprende a confiar en sí misma".

-Rebeca Carey

Mecanismos Que Hacen Posible La Transformación

Todo cambio auténtico comienza en un gesto simple: la forma en que orientas tu atención. Antes de modificar un hábito o experimentar una emoción distinta frente a los mismos estímulos, tu sistema nervioso realiza una función crucial: define qué es significativo. Esa elección no es abstracta; tiene raíz biológica. La atención organiza la experiencia, selecciona lo que permanece y deja ir lo que ya no sirve. Por eso, cuando hablamos de transformación personal, no apelamos a la fuerza de voluntad ni a la inspiración fluctuante: hablamos de entrenar el foco que sostiene el cambio.

La atención no es un recurso limitado, se fatiga con rapidez y se ve constantemente amenazada por un entorno que captura tu foco. Vivimos en una época donde los estímulos compiten por convertirse en prioridad inmediata, desviando tu concentración una y otra vez. Pensar que, en un contexto así, la mente va a transformarse de forma espontánea es ingenuo. El cambio no ocurre en medio de la dispersión; ocurre cuando la atención se dirige con disciplina concreta y consciente.

Momentum te exige anclar tu atención en el mismo punto cada día, aun cuando tu estado emocional fluctúe, la resistencia se presente o la motivación disminuya. La atención dirigida es un acto de autoridad interior: un recordatorio claro de que tu mente no puede volver a los viejos patrones solo porque resultan más económicos para su energía.

Cuando eliges tus tres puntos de cambio, realizas un gesto neurobiológicamente contundente. Le estás diciendo a tu cerebro: "Esto es lo importante. Aquí vamos a trabajar. Aquí vas a aprender algo nuevo."

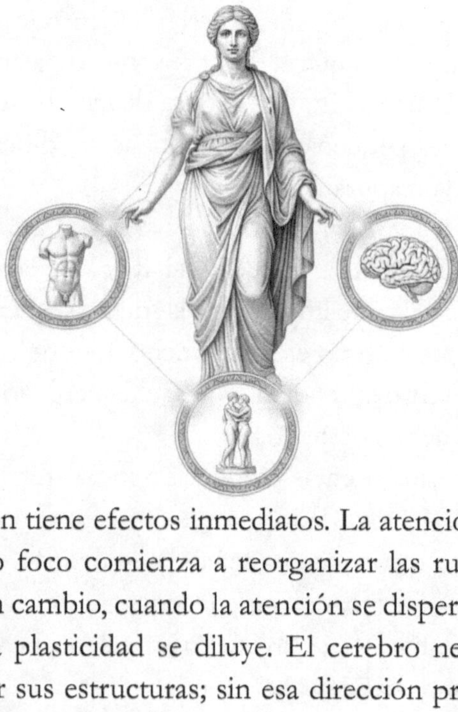

Esa decisión tiene efectos inmediatos. La atención repetida sobre un mismo foco comienza a reorganizar las rutas neuronales implicadas. En cambio, cuando la atención se dispersa en múltiples direcciones, la plasticidad se diluye. El cerebro necesita claridad para modificar sus estructuras; sin esa dirección precisa, repite lo que conoce, incluso si ya te lastima.

La estructura de Momentum existe para proteger tu atención de la dispersión. No es un simple sistema organizativo: es un mecanismo de blindaje interno. La atención no se entrena únicamente en los grandes momentos de reflexión, sino en instantes brevísimos: esos segundos en los que algo te dispara, sientes el impulso de reaccionar como siempre y, aun así, eliges hacer una pausa. A ese instante lo llamo microenfoque. Es el espacio mínimo en el que decides observar en lugar de responder en automático, respirar en vez de explotar, registrar en lugar de huir. Aunque dure apenas unos segundos, desde la perspectiva del cerebro ese intervalo es oro puro: ahí se decide si el circuito antiguo vuelve a imponerse o si permites que una ruta nueva comience a consolidarse.

Momentum está diseñado para que esos instantes no dependan del azar. Cuando los puntos de cambio están claros y se vuelve a ellos cada día, la mente aprende a reconocer con mayor rapidez cuándo está a punto de repetir el patrón habitual. El método no solo invita a observar las reacciones: prepara para detectarlas en tiempo real. Cada vez que se sostiene el microenfoque —aunque sea apenas un segundo más que el día anterior— la balanza se inclina a favor de la transformación. No se trata de triunfos espectaculares, sino de decisiones pequeñas que, repetidas, modifican la arquitectura interna de la respuesta.

Cada plantilla mensual te obliga a volver al punto de partida. Cada inicio de semana te devuelve al foco. Cada registro diario actúa como un ancla que impide que la mente se pierda en el ruido del día. Esta repetición no es un capricho metodológico: es la forma en que el cerebro aprende. Lo que se recuerda todos los días se consolida. Lo que no, desaparece.

La forma en que orientas tu atención incide directamente en el tono emocional del día. Cada vez que regresas al punto elegido, el sistema nervioso reconoce una señal de estabilidad. Esa repetición disminuye ruido interno, reduce la reactividad y crea un clima emocional más habitable. No es un efecto inmediato, pero sí constante: la mente se calma cuando sabe adónde volver.

Pero hay algo todavía más importante: la atención dirigida genera tracción interna. En los primeros días, tu mente se resistirá; querrá volver a lo conocido, confundirá incomodidad con peligro. Esa resistencia es natural. Sin embargo, cuando vuelves una y otra vez al mismo punto, la resistencia comienza a debilitarse. No por fuerza, sino por evidencia. Tu cerebro empieza a entender que este proceso va en serio, que no se trata de un deseo pasajero sino de una reconfiguración real. La repetición diaria demuestra compromiso, y el sistema nervioso responde a la continuidad con reorganización.

Por eso Momentum puede garantizar resultados: la estructura genera las condiciones necesarias para que el cambio ocurra. Si sigues el proceso día a día, tu sistema nervioso responderá. Al llegar al día 90, el cambio no será una posibilidad: será una evidencia.

La transformación no depende de la inspiración del día, sino de la repetición atencional sostenida que la estructura vuelve inevitable. Esa es la fortaleza del método: no se somete a tu estado emocional del momento; lo acompaña, pero no lo obedece. La estructura sostiene tu avance aun cuando tu energía fluctúa.

Con el tiempo, el foco sostenido produce algo más profundo: una tracción interna que facilita avanzar incluso cuando el impulso inicial se desvanece. Lo que ayer exigía esfuerzo, hoy requiere menos resistencia. El sistema empieza a reconocer la continuidad como un estado natural, y esa familiaridad vuelve más accesible la elección de permanecer.

Buena parte de lo que haces cada día ocurre sin intervención consciente. El cerebro opera en modo económico, priorizando rutas rápidas y conocidas. Ese automatismo es útil para la vida cotidiana, pero obstaculiza la instalación de algo nuevo. Por eso, el método introduce momentos específicos de foco deliberado: pequeños intervalos en los que interrumpes la inercia y eliges mirar con precisión lo que estás viviendo.

Momentum no pretende que vivas en atención dirigida las veinticuatro horas del día; sería antinatural y agotador. Lo que hace es algo mucho más inteligente: crea momentos concretos en los que te invita a salir del modo difuso y entrar, por unos minutos, en un estado de foco deliberado. Cuando realizas la práctica diaria, vuelves a tus puntos de cambio o revisas lo trabajado en días anteriores, entrenas ese cambio de modo. Pasas de una vida dispersa entre estímulos a una vida que eliges observar con mayor precisión. Con el tiempo, este tránsito entre atención difusa y atención dirigida se vuelve más fácil, más rápido y natural. En esa alternancia entrenada es donde el cambio deja de ser una idea y comienza a convertirse en una práctica viva.

La neurociencia es contundente al respecto: sin este entrenamiento atencional cotidiano, no existe posibilidad de transformación. La repetición dirigida es la señal que le indica al cerebro que debe reorganizar lo aprendido y abrir espacio a nuevas rutas de respuesta.

No porque te falte capacidad, sino porque tu cerebro necesita repetición diaria para reestructurarse. Sin esa repetición, lo antiguo siempre ganará, no por malo, sino por eficiente. La atención es la herramienta que le dice al cerebro que llegó el momento de reconfigurar lo conocido.

Por eso Momentum no es laxo. No te invita a un proceso contemplativo, sino a un entrenamiento serio de tu mirada interna. Un entrenamiento que no exige horas, pero sí exige constancia. Un entrenamiento que no demanda perfección, pero sí compromiso. Porque la atención sostenida es el inicio de todo cambio verdadero, y la estructura del método existe para garantizar que ese compromiso no se disuelva en medio del ruido del mundo.

"La reconfiguración comienza cuando la intención se alinea con el propósito".

-Rebeca Carey

Si la atención dirigida es el primer acto de disciplina interna, la repetición significativa es el mecanismo que convierte ese acto en transformación. El cerebro no cambia por episodios aislados de claridad; cambia cuando encuentra patrones estables. Nada se consolida en una sola exposición. La plasticidad necesita señales repetidas para decidir que un camino merece fortalecerse. Por eso, en Momentum, la repetición no es un detalle metodológico: es el corazón mismo del proceso.

La neurociencia ha demostrado, sin ambigüedad, que las estructuras cerebrales responden a la frecuencia más que a la intensidad. Un entrenamiento breve pero constante reorganiza las sinapsis con mayor eficacia que los esfuerzos esporádicos o impulsivos.

Esto significa que no necesitas "hacer mucho", pero sí necesitas "hacerlo siempre". El cambio no se fabrica en grandes momentos de inspiración, sino en microactos que se repiten día tras día. La repetición es la manera en que el cerebro reconoce una nueva ruta, la refuerza y termina adoptándola como parte de su funcionamiento natural.

Momentum no está diseñado para momentos aislados de trabajo interno, sino para sostener un hilo continuo entre un día y el siguiente. Cada plantilla, cada ejercicio diario y cada registro breve responde a esta lógica: pequeñas acciones constantes que envían una señal estable al sistema nervioso. Esa señal comunica que existe un patrón que debe aprender a sostener, un patrón que, con el tiempo, integrará sin necesidad de que se lo recuerdes. En esencia, eso buscamos: que lo que hoy requiere intención, mañana ocurra con naturalidad.

La práctica significativa no consiste en repetir mecánicamente, sino en volver al mismo gesto con suficiente presencia como para que la experiencia deje una huella. Cuando escribes cómo reaccionaste, relees lo que anotaste ayer o completas tu registro nocturno, no solo das seguimiento a tu día: fortaleces un circuito de observación y respuesta que, reiterado decenas de veces, se vuelve más accesible y estable. La mente aprende por exposición sostenida al mismo acto. Lo que al principio demanda esfuerzo —detenerte, observar, escribir— con el tiempo se convierte en una manera de habitarte.

La estructura del método cumple una función esencial: retira la dependencia de la motivación y la sustituye por un sistema que asegura continuidad incluso en días de baja energía. Cuando ya sabes qué corresponde hacer hoy, no necesitas negociar contigo mismo. La constancia deja de depender del ánimo y pasa a formar parte de la arquitectura de tu día. En esa regularidad es donde la plasticidad encuentra su espacio natural. El cerebro interpreta la estabilidad como una instrucción y, ante una instrucción sostenida, responde siempre del mismo modo: reorganizando, reforzando, consolidando.

Hay un fenómeno interno que empieza a surgir alrededor de la tercera o cuarta semana: lo que antes te costaba empieza a sentirse más familiar. A veces no lo notas conscientemente, pero de pronto descubres que tomaste una decisión distinta sin pensarlo tanto, o que tu reacción habitual perdió fuerza. Esto no ocurre por iluminación; ocurre porque la repetición ha comenzado a debilitar las rutas antiguas y a fortalecer las nuevas. Cada acto sostenido es un golpe suave, pero constante, sobre el mismo camino. Lo que se transita una y otra vez termina volviéndose la ruta principal.

La repetición significativa también tiene una dimensión emocional. Al regresar día tras día, tu sistema nervioso deja de interpretar el cambio una amenaza y empieza a reconocerlo como un proceso estable. En esa previsibilidad emerge calma. Lo que se sostiene con suavidad y constancia deja de activar alarma. Este es uno de los principios menos visibles del cambio: cuando una práctica se organiza y se ofrece de manera amable, el cuerpo se aquieta. Y un cuerpo que se siente seguro aprende con mayor rapidez.

Momentum puede acompañar transformaciones profundas incluso en personas que han intentado cambiar antes sin lograr sostenerlo. La diferencia no está en la fuerza de voluntad, sino en la estructura. Cuando un proceso se apoya en la continuidad, sostenida y significativa, el sistema nervioso no tiene alternativa: aprende. La constancia actúa como una corriente persistente, que termina moldeando la forma interna con la que respondes a la vida. La práctica reiterada es la señal que le indica al cerebro que lo nuevo importa.

No es casualidad que al llegar al día 90 las personas experimenten claridad, estabilidad y cambios visibles en su forma de responder. Tampoco es casualidad que los primeros 10 días se sientan más desordenados. El cerebro está siendo expuesto a una secuencia repetida que antes no existía. Está recibiendo señales que le dicen: "esto no es un intento, es un proceso real". A medida que pasa el tiempo, esas señales dejan de ser disruptivas y comienzan a convertirse en la nueva base del funcionamiento interno.

La continuidad no es un gesto de exigencia, sino una necesidad biológica. Sin un rumbo que se repite con constancia, la atención se dispersa; sin ese retorno diario, la regulación emocional no encuentra estabilidad; sin señales reiteradas, los patrones antiguos conservan su fuerza. Pero cuando el gesto se vuelve consciente, deliberado y cotidiano, la transformación deja de ser aspiración y se convierte en dirección. Una dirección que, al consolidarse, deja una huella difícil de borrar.

La repetición significativa es el mecanismo que asegura que lo que hoy trabajas no se pierda mañana. Es lo que permite que el día 1 y el día 90 no se parezcan entre sí. Es el puente entre tu intención y tu identidad. Es la herramienta que le demuestra a tu cerebro que estás aprendiendo a sostener lo que elegiste transformar.

"Lo que sostienes cada día le da forma a tu identidad".

-Rebeca Carey

Si la atención dirige el primer movimiento y la repetición consolida el aprendizaje, la regulación emocional es el terreno donde ese proceso se vuelve posible. Ningún cambio profundo puede sostenerse en un sistema nervioso saturado, acelerado o en estado constante de alerta. La transformación requiere un espacio interno donde la mente pueda observar sin apresurarse, donde las emociones puedan sentirse sin desbordarse y donde la experiencia tenga tiempo de integrarse. Ese espacio no aparece por casualidad: se cultiva.

Comprender la regulación emocional implica reconocer que no se trata de controlar lo que se siente, ni de suprimir emociones, ni de forzar calma donde no la hay. Es la capacidad de acompañar lo que ocurre sin quedar atrapado por ello, de regresar a un punto de estabilidad suficiente para poder elegir. En términos neurobiológicos, es el tránsito del sistema nervioso desde un estado de activación reactiva hacia un estado de coherencia, donde cuerpo y mente se alinean con mayor precisión. Y es en esa coherencia donde la plasticidad encuentra sus mejores condiciones.

Momentum incorpora el equilibrio interno como parte central del método, no como un complemento. Las pausas, los cierres de semana, los ejercicios de consciencia y los breves momentos de respiración funcionan como espacios de ajuste que mantienen el proceso flexible y cercano a la experiencia real. Sin esos intervalos, el recorrido perdería sensibilidad y se volvería rígido. Con ellos, en cambio, la estructura respira: sostiene con firmeza, pero sin endurecerse; acompaña con constancia durante todo el proceso.

Cuando una persona observa su reacción antes de actuar, escribe lo que sintió sin juzgarlo o reconoce un patrón sin castigarse, se está regulando. Y esa regulación tiene un impacto directo en la capacidad de cambiar. En estados de ansiedad alta o tensión sostenida, el cerebro prioriza la supervivencia, no el aprendizaje. Pero cuando el sistema nervioso entra en un rango de estabilidad suficiente —no perfecto, solo suficiente— se abre un espacio para que la mente pueda reorganizarse. Es una ventana breve, pero esencial.

El equilibrio interno también debilita uno de los mayores obstáculos del cambio: la interpretación catastrófica de la incomodidad. Muchos procesos se abandonan no porque sean difíciles, sino porque esa incomodidad se lee como señal de que "algo está mal". En realidad, es parte natural de toda reconfiguración interna. Cuando la persona aprende a sostenerla sin apresurarse a eliminarla, la resistencia pierde fuerza. La mente descubre que puede atravesar lo que antes evitaba, y esa experiencia de autonomía transforma la relación con los propios límites.

A lo largo de Momentum, la estabilidad interna comienza a surgir de forma más natural. No proviene de una técnica aislada, sino de la práctica cotidiana de pausar, nombrar, escuchar y volver a la dirección elegida. La estructura del método ofrece pequeños momentos para detenerse lo suficiente como para no actuar desde el impulso. Esos segundos, que parecen mínimos, permiten que la observación y la constancia tengan un efecto real. Un sistema nervioso más organizado aprende mejor, responde con mayor precisión y se adapta con más flexibilidad.

Este equilibrio interno cumple otra función decisiva: otorga continuidad al proceso, incluso en días en los que la energía disminuye o la motivación se siente distante. Cuando hay estabilidad, es posible sostener pequeñas acciones sin caer en dramatización ni agotamiento. No elimina la resistencia, pero la vuelve manejable. Permite que el avance no dependa del estado emocional del momento, sino de una estructura interna más firme. En términos simples: mantiene la dirección aun cuando el impulso natural sería abandonar.

Además, este equilibrio transforma la relación con el error. En estados de tensión, cada tropiezo puede sentirse como prueba de incapacidad. Pero cuando el sistema está más organizado, el error se lee como información, no como amenaza. Este cambio es crucial, porque sin una relación madura con el error no existe aprendizaje real. El método favorece esta lectura: cada ejercicio, cada registro y cada cierre de semana invitan a mirar lo que ocurrió sin dramatizarlo ni convertirlo en identidad. El error deja de ser sentencia y se convierte en dato.

Un aspecto más sutil del estado interno es que abre acceso a funciones superiores del cerebro: reflexión, flexibilidad, memoria operativa y toma de perspectiva. Estas capacidades no emergen cuando el sistema está tomado por el estrés o la impulsividad. Pero cuando el organismo recupera un mínimo de organización, se amplía la mente: aparecen opciones donde antes solo había automatismos. Sin ese margen interno, el cambio carece de espacio cognitivo para reorganizarse.

Esta capacidad de reorganización también fortalece algo esencial: la relación de la persona consigo misma durante el proceso. Poder acompañarse en emociones intensas sin invalidarse ni exigir perfección genera una forma de dignidad que sostiene todo lo demás. Esa dignidad no nace de sentirse fuerte, sino de no abandonarse en los momentos donde antes habría ocurrido. Es uno de los frutos más profundos del recorrido.

Este ajuste interno no elimina la intensidad de la vida: la ordena. Permite sentir sin perderse y avanzar sin agotarse. Es una estabilidad dinámica que no pide perfección, solo presencia. Cuando la persona puede mantenerse consigo incluso en días difíciles, algo esencial se afirma: la certeza de que no necesita un estado ideal para continuar, sino la decisión de permanecer en la ruta.

Este mecanismo es indispensable para un cambio sostenible. La transformación no exige ausencia de emoción, sino la capacidad de sostenerla sin colapsar. Un sistema que se siente acompañado puede reconfigurarse; un cuerpo escuchado puede relajarse lo suficiente para integrar lo nuevo. No se trata de suavidad ni de fragilidad, sino de un refinamiento de fuerza interna: la fuerza que permite que aquello que se intenta cambiar no se quiebre frente a la tensión, sino que encuentre una forma más madura de sostenerse.

"La regulación es la base que permite integrar el cambio".

-Rebeca Carey

Después de entrenar la atención, sostener la repetición y cultivar la regulación emocional, surge un fenómeno decisivo: la coherencia interna. Este estado no aparece de inmediato ni se alcanza por introspección aislada. Es el resultado natural de un proceso en el que la persona ha aprendido a observarse, a repetirse y a regularse con constancia suficiente como para que sus acciones empiecen a alinearse con sus elecciones más profundas.

La coherencia interna ocurre cuando lo que se piensa, lo que se siente y lo que se hace comienzan a moverse en la misma dirección. No es perfección ni ausencia de conflicto, sino un modo de orden. Un tipo de estabilidad en el que las partes internas dejan de contradecirse de forma constante y comienzan a colaborar. En este estado, la mente deja de fragmentarse entre intención y hábito, entre deseo y evitación, entre impulso y propósito. Surge una sensación de continuidad interna que antes no estaba disponible.

Desde una mirada neurobiológica, el alineamiento interno es la consecuencia de múltiples sistemas operando en sincronía: corteza prefrontal, estructuras límbicas, redes autonómicas y circuitos de recompensa. No es un "estado emocional positivo", sino un funcionamiento integrado del sistema nervioso. Cuando la persona observa con claridad, actúa con intención y mantiene un nivel de estabilidad suficiente, el cerebro interpreta esa convergencia como un patrón fiable. Y ante un patrón consistente, reorganiza recursos y fortalece rutas.

En términos prácticos, este alineamiento se reconoce cuando la persona deja de sentirse dividida entre lo que desea y lo que hace. Surge una relación más honesta con la propia experiencia. Deja de forzarse a actuar desde el ideal y de castigarse por no alcanzarlo. Aparece un punto medio —una madurez interna— donde intención y acción comienzan a encontrarse. Ese encuentro no proviene de fuerza de voluntad, sino de atención sostenida, estabilidad emocional y la calma necesaria para ver lo que ocurre sin distorsión.

Este tipo de integración también debilita patrones antiguos. Cuando la conducta empieza a corresponderse con lo elegido, las rutas neuronales que sostenían impulsos o evitaciones pierden vigor. El cerebro favorece los caminos que guardan consistencia: aquellos donde pensamiento, emoción y comportamiento no compiten entre sí. Al elegir de manera reiterada acciones que respaldan un propósito, la persona genera un entorno interno donde la incoherencia pierde atractivo. No porque desaparezca, sino porque deja de ser la salida más eficiente.

El método está diseñado para que este alineamiento no sea un ideal abstracto, sino un resultado palpable del proceso. Cada parte de la estructura —del inicio de mes al cierre diario— invita a integrar la experiencia. Al registrar lo que se hizo, lo que se sintió y lo que se pensó, la persona comienza a identificar patrones que antes confundía con su identidad. Con el tiempo, esta observación reiterada permite distinguir entre reacción automática y elección consciente. Y esa distinción habilita decisiones más acordes con lo que realmente se busca.

La coherencia no exige uniformidad emocional. No pide que la persona se mantenga en un estado estable sin fluctuar. Lo que pide es honestidad. Pide que se pueda mirar la propia experiencia sin distorsión, sin dramatización y sin fragmentación. Desde ahí, surge un tipo de movimiento interno más claro. Las decisiones se vuelven menos impulsivas y más conscientes. Las emociones dejan de competir con los propósitos. El cuerpo, en lugar de tensarse para defender viejos hábitos, se vuelve un aliado que acompaña la dirección elegida.

Este estado de coherencia interna también produce un efecto valioso: reduce el esfuerzo. Cuando lo que se hace está alineado con lo que se ha elegido cambiar, la energía ya no se dispersa en conflicto interno. La persona deja de debatirse contra sí misma y empieza a experimentar una forma más orgánica de avanzar. No es que el proceso se vuelva fácil, sino que deja de sentirse como una lucha. La energía que antes se usaba para contener contradicciones se libera para sostener acciones que importan.

En este punto, la transformación comienza a sentirse estable. No como un logro final, sino como una nueva manera de habitarse. Este estado no es un destino, sino un indicador fiable de que el proceso está funcionando. Es el momento en que el cambio deja de fracturarse ante la tensión y empieza a sostenerse por la propia integración interna. Señala que el trabajo personal ha dejado de ser teoría y se ha convertido en forma.

Este nivel de integración es un mecanismo esencial del cambio sostenible. Representa la madurez que emerge cuando la persona ha podido aprenderse a través de la atención, mantenerse a través de la constancia y recogerse mediante un manejo más claro de su mundo emocional. Es el punto donde estas prácticas convergen. Un espacio donde la transformación deja de depender del impulso inicial y se vuelve parte de la manera en que la persona existe en el mundo.

"El sello de la evolución emerge cuando la fragmentación interna se disipa".

-Rebeca Carey

Los Tres Pilares Del Método Momentum

Para que un proceso pueda tomar forma, necesita un periodo que sostenga el movimiento sin apresurarlo. Un tiempo que permita reorganización sin perder dirección. Ese periodo es el mes. Treinta días constituyen una extensión que el cerebro reconoce con naturalidad: lo suficientemente amplia para que el cambio madure y lo bastante delimitada para no diluir el compromiso. Es en ese intervalo donde la plasticidad lenta —la que moldea patrones profundos— encuentra condiciones para desplegarse.

La estructura mensual funciona como un territorio donde se define lo esencial. No se trata de anticipar todos los pasos ni de imaginar escenarios futuros, sino de elegir con sobriedad aquello que merece transformarse durante ese ciclo. Esa elección acota la energía, reduce la dispersión y evita el desgaste que ocurre cuando la persona intenta abarcar demasiados frentes a la vez. En este nivel del método, la claridad es un acto de responsabilidad: delimitar tres puntos de cambio no es una restricción, es una protección frente al impulso de querer resolverlo todo al mismo tiempo.

Sostener un cambio requiere una práctica organizada. Para el cerebro, el ciclo mensual ofrece justo ese ritmo: un lapso lo bastante amplio para reconocer tendencias, observar variaciones y permitir ajustes sin precipitación. Treinta días permiten seguir la evolución de un hábito, identificar detonantes que se repiten, comprender reacciones automáticas y percibir aspectos que antes permanecían fuera del radar consciente. El mes opera, así, como un periodo de observación continua.

En el plano psicológico, este intervalo funciona como un horizonte claro y accesible. Un mes no abruma. Permite avanzar sin la sensación de "todo o nada" y, al mismo tiempo, ofrece el espacio necesario para que aparezcan resistencias, progresos, retrocesos y aprendizajes que no emergen en ciclos más breves. En ese tiempo pueden convivir días de claridad y días de confusión; ambos forman parte del recorrido. Lo relevante es que el intervalo sea lo suficientemente estable como para que esas fluctuaciones no desvíen la dirección general.

El ciclo mensual también ayuda a diferenciar entre expectativa y realidad. Muchas veces, el deseo de cambiar se basa en ideas abstractas, impulsos momentáneos o emociones intensas que se disipan con rapidez. Al establecer un período de treinta días, la persona confronta esas imágenes internas con su experiencia concreta. Lo que parecía urgente pierde dramatismo. Lo que parecía imposible se vuelve manejable. Lo que antes se vivía como caótico empieza a adquirir matices más claros. El mes, entonces, no solo organiza el tiempo: organiza la percepción.

Trabajar en un ciclo mensual implica mirar sin evasión. En este espacio la persona se encuentra con sus patrones reales, no con los que imagina tener; con lo que efectivamente sostiene, no con lo que supone sostener; y con la forma específica en que responde cuando la motivación disminuye o la resistencia aumenta. Este tramo del proceso no exige perfección: requiere lucidez. Demanda observar con suficiente nitidez como para distinguir qué está avanzando, qué permanece igual y qué necesita un enfoque distinto.

Por ello, el pilar mensual funciona como la plataforma estratégica del método. Le otorga al proceso una organización que permite comprender el panorama sin perder lo fundamental. Cada mes inaugura un capítulo interno: se define un rumbo, se establece un ritmo y se consolida un compromiso que no depende del entusiasmo inicial, sino de una elección deliberada. Es así como la transformación empieza a adquirir un marco estable y, con ello, una posibilidad real de desplegarse.

Hay dinámicas internas que solo se hacen visibles cuando se revisan en un rango breve, pero lo suficientemente amplio para mostrar variación. La semana ofrece ese margen. Este intervalo permite entender el curso interno sin perder contacto con la vida cotidiana y sin caer en la dispersión que aparece en ciclos más largos. La semana introduce un plano intermedio de observación que da continuidad al avance sin convertirlo en carga; es el espacio donde lo vivido en el día encuentra un lugar dentro del recorrido mayor.

La mente organiza mejor la percepción del progreso cuando existen cortes temporales regulares. En períodos demasiado extensos, los avances se diluyen; en períodos excesivamente cortos, los tropiezos parecen desproporcionados. La semana ofrece un equilibrio preciso: permite ver lo que evolucionó, lo que permanece y lo que requiere un ajuste distinto. Este ritmo intermedio no solo ordena la experiencia, sino que atenúa la ansiedad que suele acompañar los procesos de cambio. Saber que cada siete días habrá un espacio para revisar, comprender y recalibrar brinda una estructura predecible, y la previsibilidad reduce saturación interna.

En este nivel del método, la persona comienza a reconocer patrones que no emergen con facilidad en el registro diario. Lo que parecía un incidente aislado revela su recurrencia; lo que se vivía como una resistencia puntual muestra un comportamiento más estable. La semana crea la distancia justa entre la vivencia inmediata y la lectura global del proceso. No busca juzgar ni medir: busca comprender. No pretende imponer correcciones apresuradas: permite interpretar con claridad lo que está ocurriendo.

La estructura semanal también cumple una función esencial: ofrecer un punto de retorno. Durante la semana surgen distracciones naturales, fluctuaciones de energía, tensiones emocionales o episodios que desvían la atención. El cierre semanal interrumpe esa inercia y permite volver a mirar lo que realmente importa. No es un llamado a "corregirse"; es una invitación a recuperar perspectiva. La persona no es obligada a retomar un camino perdido: simplemente se le ofrece un espacio donde recordar por qué eligió enfocarse en ciertos aspectos del cambio.

A diferencia del mes, que brinda amplitud, la semana aporta precisión. Es un espacio que no exige resultados, pero sí honestidad. Permite ver la experiencia con mayor sobriedad: sin dramatizar los retrocesos, sin idealizar los avances, sin perderse en lecturas impulsivas. La revisión semanal favorece una relación más madura con el proceso, menos gobernada por el estado emocional del día y más guiada por la comprensión del conjunto. La semana funciona como un espejo equilibrado donde la persona puede verse sin distorsiones.

Este nivel intermedio también abre la posibilidad de comprender cómo interactúan la energía, los hábitos, los detonantes y las decisiones. Lo que en un solo día se percibe como caos, en una semana adquiere estructura. Pequeños detalles que pasarían inadvertidos comienzan a delinear tendencias. La experiencia diaria se integra en un marco más amplio y, al hacerlo, se vuelve más comprensible. Así, la semana no solo ordena la acción, sino que refina la percepción que la acompaña.

La semana ocupa un lugar irremplazable dentro del método. Conecta la amplitud del mes con la concreción del día y enlaza lo decidido en un plano mayor con lo que ocurre en la práctica cotidiana. Funciona como un puente que evita tanto la rigidez como la dispersión, permitiendo que el avance sea organizado, humano y profundo. Gracias a este ciclo intermedio, el cambio deja de sentirse como una serie de intentos aislados y empieza a percibirse como un proceso con continuidad en el tiempo.

El día es la unidad más concreta del recorrido. Es el punto donde las decisiones se encuentran con la vida real y donde cada punto de cambio se prueba frente a sus circunstancias específicas. La estructura diaria no existe para exigir acción constante, sino para crear un contacto vivo entre la intención del mes, el análisis de la semana y la experiencia inmediata. Este nivel no opera desde la presión ni desde la lógica de productividad; opera desde la presencia.

La práctica cotidiana cumple una función esencial: evita que la mente regrese a la inercia que domina cuando no existe un recordatorio constante de lo que se quiere transformar. El día brinda un pequeño marco de atención que interrumpe esa tendencia automática. No se trata de hacer grandes acciones ni de dedicar largos periodos de introspección; se trata de un momento breve, pero suficientemente claro, en el que la persona revisa lo que está viviendo y lo vuelve a vincular con su proceso.

Este espacio diario permite percibir matices que desaparecerían si la revisión se realizara de manera esporádica. Las respuestas impulsivas, los gestos mínimos, los patrones silenciosos y las pequeñas decisiones adquieren visibilidad cuando se observan mientras ocurren. El registro diario no busca acumular datos, sino pulir la mirada. Lo convierte en un ejercicio de conciencia aplicada: reconocer qué sucede, cómo se reacciona y qué se necesita ajustar para que la experiencia del día mantenga relación con lo que se eligió trabajar en ese ciclo.

La estructura diaria también genera un efecto de continuidad interna. Cuando la persona revisa su experiencia cada día, se estrecha la distancia entre lo que piensa, lo que hace y lo que busca transformar. Esa continuidad no presiona: aclara. Impide que el proceso dependa del estado emocional del momento o de impulsos que puedan desviar la atención. Si un día es difícil, el registro permite nombrar lo ocurrido sin dramatizarlo; si un día fluye, ayuda a reconocerlo sin crear expectativas irreales. En ambos casos, la práctica cotidiana preserva el movimiento.

En el ritmo del día, el proceso encuentra una corrección de rumbo constante. No está ahí para evaluar ni medir, sino para acompañar. La pregunta no es "¿avancé lo suficiente?", sino "¿qué ocurrió hoy que merece ser atendido?". Esta forma de mirar disminuye la tendencia a juzgar resultados inmediatos y favorece una relación más honesta con el proceso. Cada día abre un microespacio para comprenderse un poco más y reaccionar un poco menos.

La dimensión cotidiana del método permite que su implementación se integre en la vida sin imponerse sobre ella. No interfiere con responsabilidades ni exige tiempos que la persona no tiene. Funciona como un instante breve y significativo, un espacio donde es posible detenerse sin prisa y sin evasión. Con el paso de los días surge una continuidad natural, sostenida no por el esfuerzo, sino por el hábito de atender la propia experiencia.

Este ámbito del método es crucial. El día enlaza lo proyectado a mayor escala con lo que sucede en la experiencia inmediata; une la intención con la acción. Es en esa cercanía donde el proceso se vuelve tangible, no por presión, sino porque la persona lo reconoce en cada pausa que se concede. Sin esta instancia, el cambio se diluye ante la velocidad del mundo; con ella, mantiene forma y dirección.

Detenerse a diario no apunta a la intensidad, sino a la consistencia. No pretende transformar grandes áreas de la vida de una sola vez, sino cultivar la claridad que permite que las decisiones del día formen parte de un movimiento mayor. En esa constancia discreta y sostenida, la transformación encuentra un lugar donde arraigarse. Cada día recuerda que el proceso sigue vivo, incluso cuando la superficie parece quieta.

"La claridad aparece cuando los distintos niveles del recorrido dialogan entre sí".

-Rebeca Carey

Al observar el método en su conjunto, se vuelve evidente que cada escala temporal cumple una función propia. El mes define el territorio donde se determina qué merece atención. La semana acerca la mirada y permite captar matices que no aparecen en intervalos más amplios. El día ofrece contacto directo con la experiencia, evitando que lo elegido se quede en la teoría. Cada nivel sostiene una tarea específica y ninguno sustituye al otro.

La relación entre estos tiempos no depende de jerarquías, sino de complementariedad. El mes da contexto, pero su amplitud necesita la concreción semanal para no volverse abstracto. La semana organiza lo vivido, pero sin la práctica diaria perdería anclaje. El día permite ajustes inmediatos, pero requiere de una referencia mayor para no fragmentarse. Es la combinación de estos planos lo que le da estabilidad al método sin volverlo rígido.

Cuando los tres niveles se utilizan de manera conjunta, la persona comienza a percibir una continuidad interna distinta. No se trata de avanzar más rápido, sino de entender mejor lo que ocurre. El mes aclara lo esencial; la semana ordena lo observado; el día permite intervenir con precisión. Esta interacción evita los saltos bruscos, reduce la sensación de confusión y da un ritmo que se siente más habitable.

Esta arquitectura también distribuye la carga emocional. Las dudas encuentran un lugar propio dentro del ciclo mensual; las variaciones del ánimo se comprenden con más equilibrio en la revisión semanal; y las tensiones del día pueden nombrarse sin que se amplifiquen. De este modo, el método no solo ordena acciones: también modela la forma en que la persona se relaciona con lo que experimenta.

El valor de este entrelazamiento reside en que el proceso continúa incluso cuando la motivación inicial se atenúa. La estructura genera un recorrido que avanza por su propia solidez. No exige perfección ni estabilidad emocional constante: permite volver, una y otra vez, a lo que se está trabajando, desde ángulos y ritmos distintos. Cada nivel ofrece una vía particular hacia la misma intención.

Por ello, el método no se experimenta como una serie de pasos aislados, sino como un acompañamiento que se adapta a la experiencia concreta de la persona. Los tres planos conforman un marco que sostiene sin presionar y orienta. En conjunto, ofrecen un orden capaz de sostener el avance incluso en días de dispersión o cansancio.

"La estructura es el punto estable que te sostiene cuando la energía fluctúa".

-Rebeca Carey

Cómo Se Organiza Un Proceso De Transformación Profunda

La transformación profunda cobra sentido cuando la persona reconoce que su vida interna no funciona como un conjunto de piezas aisladas, sino como un entramado dinámico donde cada variación afecta a las demás. Una leve modificación en la manera de interpretar lo que vive altera el tono fisiológico; ese cambio fisiológico influye en la disponibilidad para actuar, y la acción, a su vez, redefine la percepción del propio proceso. El avance real surge de esta interacción, no de un esfuerzo concentrado en un solo nivel.

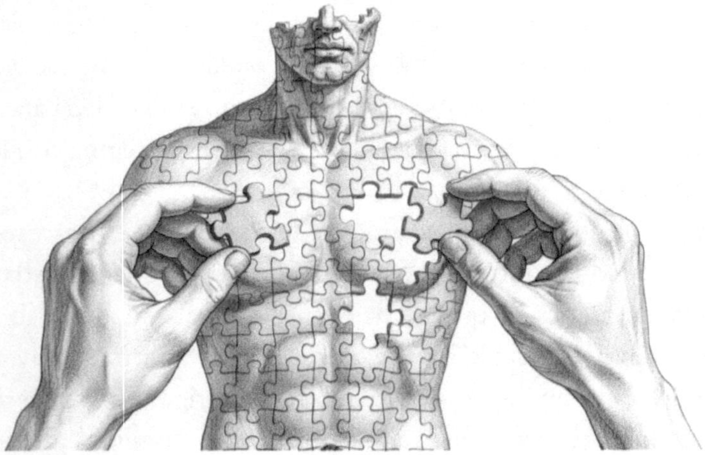

A medida que ese entramado comienza a responder de manera distinta ante estímulos que antes desencadenaban siempre las mismas reacciones, se produce un reacomodo. Las narrativas mentales pierden rigidez, los automatismos muestran sus fisuras y aparece un margen nuevo para elegir. Es un margen pequeño, pero suficiente para evidenciar que algo se está desplazando desde dentro: la experiencia ya no opera bajo el mismo patrón.

Con el paso del tiempo, esta reorganización interna genera una sensación particular de menor fricción. Las tensiones no desaparecen, pero dejan de competir entre sí por dominar la experiencia. La mente adquiere un tono más estable, la reactividad disminuye y la conducta comienza a mostrar variaciones discretas que, en conjunto, señalan un movimiento real. El cambio se hace visible no por su dramatismo, sino por la coherencia creciente entre estas capas internas.

Un sistema que empieza a alinearse recuerda más a un mecanismo que recupera coordinación que a un acto de fuerza. Cada ajuste facilita el siguiente. Una interpretación más sobria reduce la carga de activación; una activación más regulada permite decisiones más precisas; y decisiones más precisas generan evidencia que confirma la dirección elegida. Esa secuencia refuerza la estabilidad del proceso sin necesidad de tensión excesiva.

Desde una perspectiva psicofisiológica, este tipo de reordenamiento indica que el sistema está construyendo un patrón operativo distinto. Las rutas que sostenían ciertos automatismos pierden fuerza al no ser repetidas con la misma frecuencia, mientras que las nuevas adquieren consistencia gracias a la deliberación con la que se ejecutan. La plasticidad neural se organiza alrededor del criterio que la persona mantiene presente, y ese reacomodo, aunque gradual, es medible y consistente.

La integración de estos niveles es la base de todo cambio profundo. No se trata de sumar esfuerzos dispersos, sino de establecer una estructura interna capaz de sostenerlos. Cuando los componentes del sistema apuntan en direcciones contrarias, el avance se fragmenta. Cuando empiezan a converger de manera sostenida, aun con imperfección, se genera un movimiento que transforma la experiencia desde adentro y le otorga continuidad en el tiempo.

Un trazo nítido en la vida interior introduce un tipo distinto de orden. No surge como revelación repentina, sino como una distinción firme entre lo esencial y lo accesorio. Cuando esa línea aparece, los movimientos internos dejan de dispersarse y la experiencia comienza a leerse con mayor rigor.

A medida que la percepción se vuelve más precisa, también cambia el modo de interpretar lo que ocurre. Aquello que antes parecía contradicción se reconoce como variación; lo que sonaba a urgencia se identifica como ruido; y lo que se vivía como duda se transforma en dato. La mente adquiere un criterio capaz de evaluar sin dramatismo y avanzar sin conjeturas innecesarias.

Una mirada afinada también reduce la tendencia a suavizar retrocesos. Cuando el rumbo está delineado, resulta evidente qué acciones fortalecen el camino y cuáles lo erosionan. Ese discernimiento impide justificar decisiones que contradicen el trabajo interior y disminuye la necesidad de narrativas destinadas a amortiguar la incomodidad. No hace el proceso rígido: lo vuelve veraz.

En momentos de saturación, esta nitidez actúa como un punto de estabilidad. No evita las tensiones, pero sí impide interpretarlas como señales de fracaso. Su función es recordar que la incomodidad no anula la dirección elegida. Ese recordatorio permite sostener el avance incluso cuando la energía disminuye.

Desde lo cognitivo, una línea directriz orienta la atención. Canaliza el esfuerzo hacia lo que requiere consolidación y evita dispersarlo en direcciones que reactivan patrones antiguos. Sin este foco, la plasticidad neuronal se diluye; con él, se organiza. Las decisiones dejan de responder al hábito y comienzan a alinearse con un criterio deliberado.

En su núcleo, este fundamento representa un pacto con la lucidez. Implica nombrar lo que fragmenta, reconocer lo que sostiene y actuar en consecuencia. No elimina la complejidad, pero la vuelve manejable. Cuando esta forma de mirar está presente, la coherencia encuentra espacio para desplegarse; cuando falta, el avance pierde contorno.

Al observar de cerca cómo responde el cuerpo ante la novedad, se entiende que la estabilidad interna no es un estado pasivo, sino una condición activa que permite sostener decisiones cuando la exigencia aumenta. Un organismo que conserva su regulación no reacciona de inmediato ante cada estímulo, y ese margen es el que posibilita actuar con deliberación en lugar de responder desde el impulso.

Cuando la activación fisiológica se eleva por encima de cierto umbral, la capacidad de elección se reduce. Las rutas más rápidas

—acumuladas por años de repetición— toman el control, y la persona ejecuta respuestas que contradicen lo que intenta construir. No ocurre por falta de intención, sino por economía biológica: la reactividad siempre es más eficiente que la modificación consciente de un patrón. Por eso, mantener la activación dentro de un rango manejable es esencial.

La estabilidad no busca disminuir la intensidad interna, sino modularla. Esa modulación permite que la corteza prefrontal se mantenga disponible para intervenir antes de que los automatismos se impongan. En ausencia de esta disponibilidad, la conducta sigue la trayectoria conocida, aunque la persona tenga claro que desea algo distinto. La continuidad del trabajo interior depende de que esta zona de intervención permanezca abierta con suficiente regularidad.

Cuando el organismo logra sostener ese rango, aparece una consecuencia importante: las tensiones previsibles dejan de interrumpir el avance. Lo que antes generaba saturación pierde autoridad, y la persona puede atravesar estados exigentes sin abandonar la dirección adoptada. No porque deje de sentir, sino porque los estímulos dejan de comandar la acción. La regulación no elimina la intensidad; la vuelve transitable.

Este tipo de equilibrio también reduce interpretaciones precipitadas. Cuando el organismo está desbordado, casi cualquier sensación se vuelve advertencia y esa amplificación genera retrocesos innecesarios. En cambio, cuando la activación se mantiene en un rango manejable, se vuelve posible distinguir entre señal y ruido, entre una urgencia auténtica y un simple aumento momentáneo. Esa discriminación ahorra energía y disminuye la tendencia a abandonar ante la primera incomodidad.

Esa solidez no aparece de inmediato: se forma mediante exposición reiterada. Cada vez que la persona sostiene un estado que antes la sobrepasaba, el cuerpo aprende que no necesita activar defensas. Con el tiempo, la reactividad desciende, la tolerancia aumenta y la conducta gana precisión. Este aprendizaje silencioso se convierte en uno de los pilares más discretos —y más eficaces—

del trabajo interior.

Lo que realmente posibilita avanzar no es la ausencia de tensión, sino la capacidad de atravesarla sin perder dirección. Un sistema regulado no necesita imponerse fuerza; necesita continuidad. Cuando el cuerpo acompaña la intención, el cambio deja de depender del ánimo del día y obtiene una consistencia que vuelve practicable lo que antes parecía remoto.

La manera en que alguien actúa revela con claridad el estado de su reorganización interna. No porque la conducta sea lo más profundo, sino porque ofrece una medida concreta de lo ya integrado. Cada gesto, cada decisión y cada matiz en la forma de responder aporta información que la reflexión aislada no siempre alcanza.

En la práctica, es la reiteración de ciertas acciones lo que consolida rutas nuevas. El cuerpo registra lo que se ejecuta con frecuencia y lo convierte en un camino disponible. Por eso, una acción deliberada pesa más que una intención intensa: lo que se hace prevalece sobre lo que se desea. La plasticidad sigue esa lógica, fortaleciendo lo repetido y debilitando lo que deja de actualizarse.

Las transformaciones más relevantes rara vez son visibles para el entorno. Surgen en momentos breves, casi imperceptibles, en los que la persona elige responder de un modo distinto al habitual. Esa interrupción del automatismo produce un desplazamiento real. No importa la magnitud del gesto: importa su coherencia. La suma de esas pequeñas decisiones redefine la manera en que la experiencia interna se traduce en acción.

Cuando la conducta se ordena, la energía deja de dispersarse. Las acciones adquieren continuidad y esa continuidad disminuye la fricción entre lo que se piensa, lo que se siente y lo que se ejecuta. No se trata de imponer rigidez, sino de establecer una secuencia capaz de sostenerse incluso en días de menor nitidez.

Las acciones coherentes cumplen esa función: dan firmeza. La conducta, además, opera como un mecanismo de retroalimentación. Cada decisión alineada con el criterio elegido confirma al cuerpo que el desplazamiento es posible. Esa confirmación vuelve la ruta más accesible, disminuye la reactividad y refuerza la consistencia. No es la disciplina aislada la que produce el avance, sino la interacción entre lo que se hace y la reorganización interna que esas acciones consolidan.

Con el tiempo, la persona reconoce que ciertos patrones pierden vigencia. Surgen respuestas más sobrias, elecciones menos impulsivas y gestos más acordes con la dirección elegida. La conducta deja de ser solo una manifestación del cambio y comienza a funcionar como un recurso que acelera su integración. Lo que se ejecuta con nitidez termina incorporándose al paisaje interno.

A partir de cierto grado de integración, el cambio aparece en la conducta. La reflexión orienta; la regulación sostiene; la distinción ordena; pero es el acto concreto el que da forma externa a lo que antes existía solo como intención. La conducta no cierra el proceso: confirma, de manera tangible, que el trabajo interior ha empezado a consolidarse.

La manera en que una persona se concibe a sí misma determina el alcance real de cualquier transformación. No basta con modificar conductas ni reorganizar respuestas internas; en algún punto, el cambio necesita asentarse en la forma en que la persona se nombra, se interpreta y se reconoce. La identidad es el espacio donde el movimiento interior encuentra estabilidad.

A veces, la integración inicia con un gesto casi imperceptible: una frase que deja de describir, una reacción que pierde autoridad, una historia interna que ya no pesa igual. La persona nota que algo antes incuestionable comienza a sentirse distante. Ese desplazamiento anuncia el comienzo de una reorganización, no porque se declare, sino porque lo antiguo deja de sostenerse.

A medida que se acumulan experiencias congruentes, la forma de habitarse cambia de manera natural. No se trata de fabricar una versión idealizada, sino de permitir que la evidencia transforme la manera de entenderse. Las elecciones consistentes, la regulación alcanzada y la nitidez cultivada generan un registro distinto: la persona deja de actuar "como alguien que busca cambiar" y empieza a actuar como alguien que ya está en ese tránsito.

En esta etapa, ciertas contradicciones pierden intensidad. Las explicaciones que antes justificaban retrocesos dejan de resultar persuasivas y las viejas descripciones dejan de ser exactas. Surge una manera de ser más sobria, menos estridente y más en sintonía con lo que se vive día a día. No se persigue una definición nueva: se permite que emerja lo que el proceso ha hecho posible.

Este tipo de integración también produce un efecto regulador. Cuando la identidad se ajusta, disminuye el esfuerzo necesario para sostener el cambio. La persona ya no actúa "en contra" de sus patrones, sino desde un punto interno que reconoce como propio. Elegir se vuelve más simple, no porque el camino sea fácil, sino porque la referencia interna dejó de fragmentarse.

Hay un momento, discreto pero decisivo, en el que la narrativa antigua ya no refleja la experiencia actual. No se siente como un quiebre, sino como un ajuste natural. Lo que se decía en automático pierde vigencia y surge un modo más honesto de definirse. Esta transición no se impone; se reconoce.

La identidad, entendida así, no es un conjunto de etiquetas nuevas, sino la consecuencia de un proceso bien sostenido. Es la síntesis interna que aparece cuando la claridad, la estabilidad y la conducta han acumulado suficiente evidencia para modificar la forma en que la persona se entiende. Desde allí, el cambio deja de parecer un esfuerzo y se convierte en una manera distinta de existir en el mundo.

Cada ser humano sostiene una conversación consigo mismo. Ese diálogo no siempre es evidente, pero determina cómo se interpreta lo vivido y qué significado adquieren las decisiones tomadas. Cuando este diálogo es caótico, los avances pierden solidez; cuando se vuelve más ordenado, los esfuerzos empiezan a encajar con mayor naturalidad.

Lo que alguien se dice al enfrentar dificultad define la continuidad del cambio. Un incremento de tensión puede leerse como señal de retroceso o como parte esperable del recorrido. La diferencia no está en la intensidad del momento, sino en el marco con el que se interpreta. Un marco más equilibrado impide que la incomodidad se convierta en argumento para detenerse.

También es común que ciertas narraciones internas exageren lo que incomoda y minimicen lo que confirma avance. Este sesgo no es un error moral, es un reflejo del sistema nervioso cuando opera bajo presión. Sin embargo, cuando la persona aprende a observar con más precisión lo que ocurre. Aparece una lectura capaz de distinguir entre lo que molesta y lo que realmente importa.

La reconfiguración del diálogo interno no requiere discursos complejos. Se produce cuando la persona comienza a describir lo que vive con menos juicio y más exactitud. Pequeños cambios en la forma de nombrar la experiencia reducen la reactividad y facilitan decisiones más claras. La sobriedad en el lenguaje interno actúa como un estabilizador emocional: no suaviza lo difícil, pero evita que se convierta en amenaza.

Con el tiempo, ciertos relatos pierden vigencia por sí mismos. No porque se los combata, sino porque ya no encajan con la experiencia actual. La persona reconoce que algunas explicaciones que antes justificaban sus respuestas han dejado de describir lo que sucede. Esa desidentificación gradual es una señal inequívoca de avance: la historia interna empieza a reflejar el movimiento real.

Un relato interno más preciso acompaña la continuidad del cambio. Permite interpretar los matices sin convertirlos en obstáculos, sostiene la dirección elegida sin necesidad de rigidez y evita que las fluctuaciones del estado emocional reescriban la intención original. No embellece el camino; lo clarifica.

El cambio se consolida cuando esa voz interna adopta un tono más cercano a la realidad que a la reacción. Ya no describe desde el hábito, sino desde la experiencia actual. Ese ajuste íntimo no es accesorio: es la articulación final que integra lo aprendido y le otorga continuidad. Sin un lenguaje interno afinado, la estructura del cambio pierde fuerza; con él, adquiere estabilidad.

"El movimiento profundo no surge de una decisión súbita, sino cuando lo comprendido empieza a transformar tu forma de responder".

-Rebeca Carey

La Estructura Que Sostiene La Constancia

La constancia es uno de los fenómenos más malinterpretados en el proceso de cambio. Se suele asociar con fuerza de voluntad, exigencia o repetición forzada. Sin embargo, la neurociencia muestra otra realidad: la constancia es el resultado de un sistema que encuentra un cauce confiable por el cual avanzar. No emerge del esfuerzo, sino de la estabilidad; no nace de la presión, sino de la claridad. Por eso, toda transformación duradera necesita un marco que funcione como orientación permanente, incluso cuando la motivación oscila o cuando el estado emocional se desplaza hacia zonas de duda o incomodidad.

Si observamos el funcionamiento cerebral, descubrimos que el sistema nervioso siempre busca reducir incertidumbre. Las redes que gobiernan la atención y la emoción tienden a estabilizarse cuando hay señales previsibles en el entorno. En ausencia de estas señales, la mente entra en un modo exploratorio que incrementa la distracción, la fatiga cognitiva y la tendencia a volver a patrones automáticos. Una forma organizadora actúa entonces como un ancla sensorial y cognitiva: delimita un espacio donde las decisiones no necesitan ser reinventadas a diario y donde la energía puede dirigirse a la práctica en lugar de diluirse en la duda.

Desde esta mirada, el Método Momentum utiliza su arquitectura interna como herramienta neuroconductual, no como un esquema administrativo. Las plantillas mensuales, semanales y diarias cumplen la función de marcar la ruta, sostener la repetición y registrar la experiencia. Cada capa temporal activa procesos diferentes: la mensual estimula la visión y el enfoque global; la semanal permite reajustar y refinar; la diaria consolida los microgestos que terminan configurando un nuevo patrón neuronal. Este entramado de múltiples escalas replica la lógica del aprendizaje profundo en el cerebro, donde la información significativa se consolida mediante ciclos repetidos de atención, emoción y acción.

La continuidad que ofrece este diseño tiene un impacto directo sobre los ganglios basales, zonas del cerebro responsables de la automatización de hábitos. Estas regiones no responden a la intensidad episódica; responden a la repetición coherente en intervalos estables. Cuando una práctica aparece siempre en el mismo marco temporal, la mente comienza a reconocerla como un camino confiable. Progresivamente, el circuito deja de requerir tanta energía consciente y comienza a operar con mayor fluidez. Esta transición —del esfuerzo a la naturalidad— es lo que conocemos como constancia auténtica: una constancia que no cansa, sino que sostiene.

A la vez, existe un componente emocional que este andamiaje del método atiende de manera deliberada. La amígdala, encargada de detectar amenaza, se tranquiliza cuando el entorno se vuelve predecible. Saber dónde escribir, cómo registrar, cuándo reflexionar y desde qué punto retomar el proceso reduce la activación emocional que suele aparecer durante el cambio. Esa disminución de reactividad libera recursos para la presencia consciente. La calma no surge porque "todo está resuelto", sino porque hay una base ordenadora que delimita un espacio donde las variaciones internas pueden observarse sin desbordarse.

La claridad externa, además, fomenta una relación distinta con la propia mente. Cuando el método ofrece un lugar concreto para alojar cada parte del proceso, se disipa la sensación de caos y se fortalece la percepción interna de orden. Muchas personas confunden falta de constancia con falta de disciplina, cuando en realidad lo que suele faltar es un entorno que disminuya la fricción cognitiva. El cauce adecuado cumpliría entonces el papel de un puente: vincula lo que se quiere lograr con la forma cotidiana de avanzar hacia ello, de modo que la intención no quede atrapada en abstracciones.

Otro elemento esencial es la manera en que este sistema organiza el diálogo entre los distintos niveles del cuerpo. La repetición en un marco estable favorece la coherencia entre la corteza prefrontal —sede de la regulación consciente— y las redes límbicas que procesan emoción e impulso. Cada registro diario es una microinterrupción de automatismos; cada revisión semanal afina la interpretación interna; cada inicio de mes redefine la dirección. Así, el proceso no se vuelve rígido, sino rítmico. El orden externo no limita posibilidades: las ordena para que puedan desplegarse con mayor profundidad.

El propósito final de este andamiaje es acompañar el ritmo humano. La transformación no ocurre en línea recta: avanza, retrocede, se expande, se contrae. Una forma organizativa adecuada reconoce esa oscilación natural y ofrece un espacio para sostenerla sin desesperarse ante la variabilidad. Hay días en los que la energía es alta y la claridad abunda; otros, en los que el ruido interno parece dominarlo todo. El sostén externo no desaparece en ninguno de esos momentos: permanece como una presencia silenciosa que recuerda el camino elegido y que invita a regresar sin juicio.

La constancia madura cuando la persona comprende que no necesita depender de estados emocionales ideales para continuar. El diseño le permite avanzar incluso cuando no se siente perfecta, alineada o inspirada. Este es uno de los aspectos más profundos del método: enseña a la mente que la dirección vale más que el ánimo, y que el ritmo —aunque sea pequeño— es suficiente para consolidar un cambio. En este aprendizaje desaparece la autoexigencia y aparece la estabilidad: una estabilidad activa, no rígida; consciente, no forzada.

Al final, este entramado tiene un propósito más humano que técnico: permitir que la transformación sea vivida con amabilidad. En un mundo saturado de estímulos, la claridad es una forma de cuidado. Disponer de un lugar donde el proceso se despliega sin tener que improvisarlo todo es una manera de honrar la energía personal. El marco que acompaña la práctica no se convierte en carga, sino en refugio. En ese refugio la mente descansa, el cuerpo se regula y la identidad emergente encuentra un espacio para arraigarse.

Por eso, Momentum no propone organización para controlar, sino para liberar. El orden dirige la atención hacia lo esencial, reduce la fricción que desgasta y crea un cauce donde el cambio puede florecer sin violencia. Cuando la forma sostiene la intención, la constancia deja de ser una lucha: se vuelve una consecuencia natural. Y en esa consecuencia se expresa la transformación real: un hábito que ya no se repite por obligación, sino porque pertenece a la nueva configuración interna de quien lo practica.

"La forma adecuada devuelve orden a lo que parecía disperso".

-Rebeca Carey

Por Qué Este Método Funciona Neuroconductualmente

Comprender por qué un método funciona es tan relevante como experimentar sus efectos. La transformación sostenida no surge de la intuición ni de la voluntad aislada; aparece cuando la práctica se alinea con la forma natural en que el cerebro aprende, regula y consolida nuevos modos de actuar. Momentum nació de esta premisa: traducir los mecanismos reales del cambio en un proceso humano, accesible y aplicable, donde la mente pueda reorganizarse sin sentirse forzada ni amenazada.

Siempre que una persona intenta modificar un patrón interno, su sistema nervioso se encuentra en diálogo con dos tendencias opuestas: la inclinación biológica hacia lo familiar y la capacidad plástica que permite abrir nuevas posibilidades. Lo conocido ofrece estabilidad; lo nuevo, expansión. El arte del cambio consiste en crear condiciones donde la expansión no active defensas, donde lo emergente se sienta transitable y donde lo anterior pueda desactivarse sin conflicto interno. Momentum opera precisamente en ese umbral: el espacio donde la novedad deja de ser riesgo y se convierte en opción.

La neuroplasticidad —la capacidad del cerebro para modificarse a partir de la experiencia— depende de tres factores esenciales: repetición, atención y coherencia. La investigación en neurobiología ha demostrado que una práctica repetida en intervalos estables fortalece las conexiones sinápticas, mientras que la atención permite codificar esa práctica como significativa. De ahí que Momentum reparta el trabajo en capas temporales: la repetición diaria para consolidar; la revisión semanal para ajustar; la mirada mensual para integrar. No es una organización arbitraria: replica la manera en que el cerebro construye aprendizaje profundo, por acumulación de pequeñas señales consistentes.

La emoción amplifica este proceso. Sin un componente emocional, el cerebro no considera relevante la experiencia y no la codifica con la misma fuerza. Los estudios sobre memoria afectiva muestran que aquello que nos moviliza —aunque sea con suavidad— se fija con mayor estabilidad. Por esa razón, el método no te invita solo a registrar acciones, sino a observar lo que se mueve en ti, a nombrarlo, a darle un lugar dentro del proceso. La emoción no interrumpe el cambio: es el motor que lo vuelve significativo y, por ende, perdurable.

La reorganización también requiere seguridad interna. El aprendizaje profundo no ocurre en estados de alarma, sino en estados de calma regulada. Cuando el cuerpo percibe estabilidad, la mente se vuelve más receptiva, la atención se amplía y la percepción de amenaza disminuye. Momentum promueve estas condiciones desde la práctica pausada: te pide detenerte, sentir tu estado, reconocer tu experiencia sin juicio. Esa pausa no es adorno; es el gesto que permite que el sistema nervioso deje de protegerse y pueda reorganizarse.

Otro componente fundamental es la relación entre narrativa y experiencia. La identidad personal no surge únicamente de lo que vivimos, sino de la interpretación continua de esa vivencia. Cada registro, cada reflexión, cada nombramiento interno actúa como un microajuste en la narrativa del yo. Escribir no solo deja huella: redefine la coherencia interna. Cuando una persona observa su proceso con regularidad, su identidad comienza a transformarse al compás de lo que practica. No cambia únicamente el comportamiento; cambia la manera en que se concibe a sí misma.

Con el tiempo, la repetición consciente, la implicación emocional y la reinterpretación narrativa generan un efecto acumulativo. Los circuitos automáticos que antes gobernaban la reacción pierden fuerza, mientras que las redes prefrontales —implicadas en la elección, la regulación y la perspectiva— adquieren mayor presencia. Allí ocurre uno de los cambios más profundos: aparece un espacio entre el impulso y la respuesta. Un intervalo breve, pero decisivo, donde emerge la posibilidad de actuar desde conciencia y no desde hábito.

El método también se sustenta en un principio clave del aprendizaje: la convergencia. El cerebro integra mejor cuando múltiples dimensiones —pensamiento, emoción, acción, lenguaje, atención— se orientan en la misma dirección. Momentum no trabaja un solo nivel: los entrelaza. Observas, escribes, sientes, eliges, reflexionas, ajustas. Este entramado integrativo genera una sinergia que fortalece el cambio y evita que sea superficial o momentáneo. La transformación no ocurre en una parte de ti, sino en todo tu sistema interno.

Por todo ello, la constancia que se desarrolla dentro del método no nace de la fuerza de voluntad, sino de la armonía interna. Cuando el proceso coincide con la forma biológica de aprender, la resistencia disminuye y el cambio deja de sentirse pesado. La mente ya no tiene que luchar contra sus propios mecanismos: se siente acompañada por ellos. La estabilidad que emerge no depende del ánimo, sino de la integración progresiva de lo que practicas.

Momentum funciona porque crea un espacio donde lo nuevo puede arraigarse sin violencia. Permite que lo difícil se vuelva manejable, que lo automático pierda dominio y que la persona encuentre una forma interna más alineada y consciente desde la cual vivir. Cuando el cerebro se reorganiza, la experiencia cotidiana también cambia: se vuelve más clara, más habitable, más propia. Esa es la profundidad del método: transforma desde dentro y sostiene desde afuera.

"Hay momentos que no revelan su grandeza hasta que los sostienes el tiempo necesario para que te transformen".

-Rebeca Carey

El Cierre Que Abre El Camino

Llegar a este punto te ofrece una comprensión más amplia de tus procesos internos y de la manera en que tu mente organiza aquello que vives. Esa comprensión amplía tu horizonte: te permite reconocer con mayor precisión qué se mueve dentro de ti, cómo se configura y qué posibilidades se abren cuando prestas atención a tus propios ritmos. Este capítulo marca una transición hacia un modo más consciente de acompañarte, donde la claridad se convierte en una guía para orientarte con mayor coherencia.

El periodo que inicia está diseñado para dar solidez a esa claridad. A lo largo de noventa días trabajarás con un marco que estructura tu atención y te permite observar tus decisiones con mayor detalle. Este trayecto invita a la determinación, a la constancia y a un tipo de presencia que fortalece la forma en que te relacionas contigo. Cada jornada será una oportunidad para reconocer avances, ajustar lo necesario y sostener un movimiento que requiere continuidad.

En esta etapa, la práctica cotidiana adquiere un papel central. Cada ejercicio abre un espacio donde podrás identificar lo que necesita orden, lo que pide pausa y lo que está listo para avanzar. El registro te ofrecerá una mirada más precisa sobre ti, permitiéndote distinguir patrones, necesidades y tendencias que hasta ahora podían pasar inadvertidas. El método se apoya en tu compromiso, en tu disposición a mirar con honestidad y en la intención de construir una vida más alineada con lo que consideras esencial.

Desde aquí, tu proceso toma forma en el terreno de lo vivido. Lo que harás en los próximos meses se sostendrá en la relación que establezcas contigo cada día: en la conversación interna que mantengas, en la manera en que eliges responderte y en la disciplina emocional que decidas cultivar. Este camino ofrece una estructura clara para acompañar el tipo de cambio que requiere profundidad, continuidad y una participación en cada decisión.

El trayecto tiene un carácter formativo. Te invita a revisar tu historia con una mirada amplia, a reconocer momentos que marcaron tu forma de actuar y a acercarte a ellos con mayor madurez. También te permite descubrir recursos que quizá no habías reconocido, y a fortalecer la capacidad de orientarte desde un criterio más estable. Cada día abrirá un espacio para reconocer las posibilidades que emergen cuando participas conscientemente en tu propio desarrollo.

Lo que comienza ahora es un tiempo de afirmación personal. Cada elección que realices dará forma a la dirección que deseas construir; cada gesto será una oportunidad para afinar tu mirada y darle continuidad a lo que has decidido iniciar. Durante estos noventa días podrás verte con más precisión, responderte con mayor autenticidad y fortalecer un modo de estar en la vida que honre tus necesidades, tus límites y tus decisiones. Este proceso te permitirá avanzar desde una claridad que nace de ti y que se sostiene en la práctica cotidiana.

Diseñé este método para acompañarte en un proceso que requiere claridad, templanza y constancia. Confío en tu capacidad para sostenerlo. Si alguna vez dudas, vuelve: aquí está el origen de tu camino.

"El conocimiento ha cumplido su función. Ahora es tu vida la que espera movimiento".

-Rebeca Carey

¿Y AHORA QUÉ SIGUE?

Este libro se detiene aquí porque ya ha dicho lo esencial. No para clausurar un proceso, sino para abrir espacio a algo que no se resuelve con más palabras. Comprender cómo funciona el cambio transforma la relación que tienes contigo mismo: devuelve dirección, interrumpe la reacción automática y recuerda que la transformación no es un evento excepcional, sino una práctica disponible.

Durante mucho tiempo se instaló la idea de que solo cambiamos cuando el dolor aprieta, cuando la vida se quiebra o cuando el cansancio se vuelve insoportable. Sin embargo, el cambio más sólido no nace de la urgencia ni de la carencia, sino de la lucidez. Hoy sabes que no es necesario tocar fondo para elegir distinto ni atravesar una crisis para crecer. El cerebro aprende y se reorganiza también cuando hay calma, claridad e intención sostenida de vivir mejor.

Ahora cuentas con herramientas reales para intervenir tu experiencia cotidiana. Sabes observar tus patrones sin pelear con ellos, reconocer lo que se activa en ti y responder con mayor conciencia. No se trata de hacerlo perfecto ni de hacerlo todo al mismo tiempo, sino de comprender que cada elección, por pequeña que parezca, participa en la vida que estás construyendo. El cambio verdadero no ocurre de golpe; aparece cuando lo que entiendes empieza a reflejarse, poco a poco, en la manera en que te habitas.

La vida que deseas no es una promesa futura ni un ideal abstracto. Se configura en decisiones repetidas, en hábitos sostenidos y en la coherencia entre lo que piensas, lo que sientes y lo que haces cuando nadie está mirando. Ese nivel de coherencia ya no depende de la motivación momentánea, sino de la comprensión profunda que ahora tienes sobre tu propio funcionamiento.

Aquí comienza la fase práctica del proceso. Momentum: El

entrenamiento del cambio es un libro–programa diseñado para acompañarte a lo largo de este recorrido. En sus páginas, la comprensión que desarrollaste se convierte en una práctica sostenida: eliges tus puntos de cambio, trabajas nuevas formas de respuesta y das continuidad al proceso mediante estructura, registro y repetición consciente. Así puedes llevar lo aprendido a la vida real con claridad y constancia, sin perderte en el proceso, contando con una referencia firme a la cual volver cuando el camino se vuelve exigente.

Tienes la capacidad de hacerlo. De elegir distinto, de actuar con intención y de crear la vida que deseas vivir. No hay nada que esperar ni permiso que pedir: todo se construye en movimiento, en decisiones tomadas, en pasos reales. Haz algo con lo que sabes. Llévalo a tu vida, ponlo en juego, ajústalo, pruébalo. Eso es lo que le da sentido a lo aprendido, y ahora te corresponde ponerlo en marcha.

"Aprende a usar la biología a tu favor".

-Rebeca Carey

APÉNDICE

¿CÓMO CONTINUAR EL PROCESO?

El trabajo iniciado en este libro no concluye aquí.

Momentum: Códigos de Cambio ofrece el marco de comprensión necesario para observar, ordenar y resignificar la experiencia interna. La continuidad de este trabajo se desarrolla en Momentum: El entrenamiento del cambio, donde el método se pone en práctica de forma estructurada y progresiva.

El entrenamiento está diseñado para seguirse paso a paso, día con día. A lo largo de este trayecto, se trabajan las plantillas correspondientes, se realizan los ejercicios indicados y se atraviesan las distintas fases del método de manera guiada, sin necesidad de improvisar ni de añadir elementos externos.

Como apoyo complementario, pueden utilizarse recursos digitales —respiraciones, audios de acompañamiento, prácticas guiadas e hipnosis— desarrollados y utilizados de manera consistente dentro de este enfoque de trabajo. Estos recursos pueden emplearse para sostener la práctica cotidiana y facilitar la integración de lo trabajado.

La información para acceder a ellos se encuentra disponible en el apartado ¿Cómo ponerse en contacto conmigo?

En caso de requerir mayor claridad en algún punto específico, o de desear profundizar en ciertos aspectos del proceso, existen materiales y cursos alternativos que pueden utilizarse como apoyo adicional. Estos recursos no son obligatorios, sino complementarios, y quedan a disposición de quien los considere necesarios.

El sentido de esta continuidad no es acelerar el cambio ni forzarlo, sino permitir que lo comprendido se traduzca en una práctica sostenida, con el tiempo y la atención que cada proceso requiere.

AGRADECIMIENTOS

A Mi Madre.

Gracias por tu paciencia, por tu presencia constante y por la confianza que siempre depositaste en mí, incluso en los momentos en los que yo misma no sabía si podía seguir adelante. A lo largo de mi vida has sido mi punto de apoyo más firme, no desde la indulgencia, sino desde una forma de amor profunda, paciente y silenciosa, esa que sostiene sin invadir y acompaña sin empujar.

Fuiste tú quien, hace años, me dijo una frase que marcó un antes y un después en mi manera de entender lo que hago: "el conocimiento que no se comparte no sirve de nada". Esa idea, sencilla y contundente, fue una semilla que terminó convirtiéndose en este libro. Sin esa invitación —y sin el ejemplo que siempre has sido— probablemente no me habría atrevido a poner en palabras lo que he construido con el tiempo.

Me viste atravesar momentos difíciles, personales y de salud, y nunca me hiciste sentir menos ni apurada por demostrar nada. Confiaste en que podía encontrar mi camino, en que tenía algo valioso que ofrecer, y me diste el espacio necesario para hacerlo. Gracias a esa confianza, amor y cuidado, pude sostenerme, aprender, y transformar la experiencia en conocimiento.

Si hoy este libro existe, es porque tú estuviste ahí.

A mis versiones anteriores.

A las que atravesaron altibajos, dudas y momentos de profunda confusión. A las que se equivocaron muchas veces y, aun así, siguieron adelante. A las que tomaron caminos errados, se distrajeron, evitaron la realidad cuando enfrentarla parecía demasiado, y aun así nunca apagaron del todo la pregunta por algo más.

Gracias por esa voz interna que, incluso en medio del error, insistía un poco más: no te rindas, sigue intentando, hay algo más grande esperándote. Por los momentos de inflexión en los que, pese a que era más fácil repetir lo conocido o hacer lo incorrecto, eligieron dar un paso distinto. Por buscar el cambio incluso cuando el entorno juzgaba, cuando no era cómodo, cuando no era validado.

Gracias por seguir preguntando, aprendiendo y observando, aun cuando ayudar a otros resultaba más fácil que ayudarse a sí misma. Por sostener la intención de comprender la realidad y de hacer lo que consideraban correcto, incluso equivocándose en el intento. Cada una de esas versiones sostuvo el impulso de seguir buscando conocimiento y de compartirlo.

Nada de lo que soy se construyó sin error. Todo nació de haber seguido intentando.

¿CÓMO PONERSE EN CONTACTO CONMIGO?

Si este libro resonó contigo y despertó el deseo de seguir profundizando, puedes encontrar continuidad y acompañamiento más allá de estas páginas en mi espacio personal:

rebecacarey.com

Este sitio es el punto de encuentro de todo mi trabajo. Allí encontrarás información sobre mis libros —incluido el material de seguimiento de Momentum y otros proyectos editoriales en desarrollo—, así como accesos a contenidos diseñados para acompañar procesos de regulación, entrenamiento interno y cambio sostenido.

A través de mis espacios digitales comparto recursos que integran cuerpo y mente: prácticas guiadas de respiración, meditaciones, hipnosis y materiales audiovisuales que permiten llevar lo comprendido en el libro a la experiencia cotidiana. Estos contenidos se activan y se actualizan por etapas, en sintonía con el momento del proceso y las necesidades que van emergiendo.

Desde este sitio se accede siempre a las versiones actualizadas de todas mis plataformas y contenidos digitales.

Correo:
contacto@rebecacarey.com

Capacitación Y Espacios Formativos

Algunos procesos de formación y acompañamiento derivados de este trabajo se desarrollan a través de OECCCL, Órgano de Evaluación, Capacitación y Certificación de Competencias Laborales.

OECCCL funciona como una plataforma institucional donde se alojan programas formativos, capacitaciones y contenidos de desarrollo personal que se activan por temporadas. Desde allí se articulan experiencias de aprendizaje más estructuradas, sin que este libro implique, por sí mismo, procesos de evaluación o certificación laboral.

La información vigente sobre estos espacios se encuentra disponible en su sitio oficial:

oecccl.com

Correo:
contacto@oecccl.com

BIBLIOGRAFÍA

Sobre Las Fuentes Y El Origen De Este Método

Este libro es el resultado de más de una década de estudio, investigación y práctica sostenida en torno a una misma pregunta:

¿Qué permite que el cambio humano sea real, estable y verdaderamente transformador?.

A lo largo de estos años he invertido tiempo, atención y experiencia en comprender cómo se forman los hábitos, cómo las emociones se organizan en el cuerpo y de qué manera la identidad puede transformarse cuando la conciencia se vuelve una práctica constante y no una idea abstracta.

Momentum: Códigos de Cambio surge de integrar ese recorrido —teórico y vivido— en una estructura clara, funcional y replicable. No nace de aislar un estudio ni de aplicar una teoría de forma rígida, sino de contrastar el conocimiento científico con la experiencia humana real, probando, ajustando y refinando hasta condensar una fórmula concisa y coherente para generar cambio verdadero.

Las fuentes que se presentan a continuación constituyen el bagaje científico que sostiene este método. Son investigaciones y marcos conceptuales que han acompañado su construcción y han permitido darle solidez, profundidad y dirección. La ciencia aquí no se presenta como un fin en sí mismo, sino como el suelo firme desde el cual este proceso puede sostenerse y desplegarse.

Esta obra no es un tratado académico, sino una guía de transformación consciente. La ciencia respalda el camino; la experiencia lo vuelve vivo. Las páginas que siguen no agotan ese conocimiento: lo honran y lo ponen al servicio de quien decide iniciar su propio proceso de cambio.

Neurociencia Y Neuroplasticidad

Barrett, L. F. (2017). How emotions are made: The secret life of the brain. Houghton Mifflin Harcourt.

Damasio, A. R. (1999). The feeling of what happens: Body and emotion in the making of consciousness. Harcourt Brace.

Damasio, A. R. (2010). Self comes to mind: Constructing the conscious brain. Pantheon Books.

Davidson, R. J., & Begley, S. (2012). The emotional life of your brain: How its unique patterns affect the way you think, feel, and live—and how you can change them. Hudson Street Press.

Doidge, N. (2007). The brain that changes itself: Stories of personal triumph from the frontiers of brain science. Viking.

Edelman, G. M. (1992). Bright air, brilliant fire: On the matter of the mind. Basic Books.

Goleman, D. (2006). Social intelligence: The new science of human relationships. Bantam Books.

Kandel, E. R. (2006). In search of memory: The emergence of a new science of mind. W. W. Norton & Company.

LeDoux, J. E. (1996). The emotional brain: The mysterious underpinnings of emotional life. Simon & Schuster.

LeDoux, J. E. (2015). Anxious: Using the brain to understand and treat fear and anxiety. Viking.

Merzenich, M. M. (2013). Soft-wired: How the new science of brain plasticity can change your life. Parnassus Publishing.

Porges, S. W. (2011). The polyvagal theory: Neurophysiological foundations of emotions, attachment, communication, and self-regulation. W. W. Norton & Company.

Sapolsky, R. M. (2004). Why zebras don't get ulcers: The acclaimed guide to stress, stress-related diseases, and coping (3rd ed.). Henry Holt and Company.

Sapolsky, R. M. (2017). Behave: The biology of humans at our best and worst. Penguin Press.

Siegel, D. J. (2012). The developing mind: How relationships and the brain interact to shape who we are (2nd ed.). Guilford Press.

Thompson, E. (2007). Mind in life: Biology, phenomenology, and the sciences of mind. Harvard University Press.

Varela, F. J., Thompson, E., & Rosch, E. (1991). The embodied mind: Cognitive science and human experience. MIT Press.

Emoción Y Conciencia Corporal

Beauregard, M. (2012). Brain wars: The scientific battle over the existence of the mind and the proof that will change the way we live our lives. HarperCollins.

Candace Pert, C. (1997). Molecules of emotion: The science behind mind-body medicine. Scribner.

Craig, A. D. (2015). How do you feel? An interoceptive moment with your neurobiological self. Princeton University Press.

Damasio, A. R. (1994). Descartes' error: Emotion, reason, and the human brain. Avon Books.

Davidson, R. J. (2000). Affective style, psychopathology, and resilience: Brain mechanisms and plasticity. American Psychologist, 55(11), 1196–1214. https://doi.org/10.1037/0003-066X.55.11.1196

Ekman, P. (2003). Emotions revealed: Recognizing faces and feelings to improve communication and emotional life. Times Books.

Levenson, R. W. (2014). The autonomic nervous system and emotion. Emotion Review, 6(2), 100–112. https://doi.org/10.1177/1754073913512003

Porges, S. W. (2017). The pocket guide to the polyvagal theory: The transformative power of feeling safe. W. W. Norton & Company.

Schore, A. N. (2012). The science of the art of psychotherapy. W. W. Norton & Company.

Varela, F. J., & Shear, J. (Eds.). (1999). The view from within: First-person approaches to the study of consciousness. Imprint Academic.

Hábitos, Conducta Y Aprendizaje

Baumeister, R. F., & Tierney, J. (2011). Willpower: Rediscovering the greatest human strength. Penguin Press.

Beck, J. S. (2011). Cognitive behavior therapy: Basics and beyond (2nd ed.). Guilford Press.

Duckworth, A. (2016). Grit: The power of passion and perseverance. Scribner.

Dweck, C. S. (2006). Mindset: The new psychology of success. Random House.

Graybiel, A. M. (2008). Habits, rituals, and the evaluative brain. Annual Review of Neuroscience, 31(1), 359–387. https://doi.org/10.1146/annurev.neuro.29.051605.112851

Hebb, D. O. (1949). The organization of behavior: A neuropsychological theory. Wiley.

James, W. (1890). The principles of psychology. Henry Holt and Company.

Kahneman, D. (2011). Thinking, fast and slow. Farrar, Straus and Giroux.

Lally, P., & Gardner, B. (2013). Promoting habit formation. Health Psychology Review, 7(S1), S137–S158. https://doi.org/10.1080/17437199.2011.603640

McGonigal, K. (2011). The willpower instinct: How self-control works, why it matters, and what you can do to get more of it. Avery Publishing Group.

Miller, G. A. (1956). The magical number seven, plus or minus two: Some limits on our capacity for processing information. Psychological Review, 63(2), 81–97. https://doi.org/10.1037/h0043158

Ouellette, J. A., & Wood, W. (1998). Habit and intention in everyday life: The multiple processes by which past behavior predicts future behavior. Psychological Bulletin, 124(1), 54–74. https://doi.org/10.1037/0033-2909.124.1.54

Schultz, W. (2016). Dopamine reward prediction-error signalling: A two-component response. Nature Reviews Neuroscience, 17(3), 183–195. https://doi.org/10.1038/nrn.2015.26

Skinner, B. F. (1953). Science and human behavior. Macmillan.

Wood, W. (2019). Good habits, bad habits: The science of making positive changes that stick. Farrar, Straus and Giroux.

Motivación, Voluntad Y Regulación Interna

Baumeister, R. F., & Vohs, K. D. (2007). Self-regulation, ego depletion, and motivation. Social and Personality Psychology Compass, 1(1), 115–128. https://doi.org/10.1111/j.1751-9004.2007.00001.x

Carver, C. S., & Scheier, M. F. (2012). Attention and self-regulation: A control-theory approach to human behavior. Springer-Verlag.

David, S. (2016). Emotional agility: Get unstuck, embrace change, and thrive in work and life. Avery Publishing Group.

Deci, E. L., & Ryan, R. M. (1985). Intrinsic motivation and self-determination in human behavior. Springer Science & Business Media.

Duckworth, A. L., & Gross, J. J. (2014). Self-control and grit: Related but separable determinants of success. Current Directions in Psychological Science, 23(5), 319–325. https://doi.org/10.1177/0963721414541462

Frankl, V. E. (1959). Man's search for meaning. Beacon Press.

Mischel, W. (2014). The marshmallow test: Mastering self-control. Little, Brown and Company.

Panksepp, J. (1998). Affective neuroscience: The foundations of human and animal emotions. Oxford University Press.

Peterson, J. B. (2018). 12 rules for life: An antidote to chaos. Random House Canada.

Schnell, T. (2009). The sources of meaning and meaning in life questionnaire (SoMe): Relations to demographics and well-being. The Journal of Positive Psychology, 4(6), 483–499. https://doi.org/10.1080/17439760903271074

Schultz, W. (2000). Multiple reward signals in the brain. Nature Reviews Neuroscience, 1(3), 199–207. https://doi.org/10.1038/35044563

Vohs, K. D., & Baumeister, R. F. (Eds.). (2016). Handbook of self-regulation: Research, theory, and applications (3rd ed.). Guilford Press.

Identidad, Significado Y Cambio Personal

Bruner, J. (1990). Acts of meaning. Harvard University Press.

Csikszentmihalyi, M. (1990). Flow: The psychology of optimal experience. Harper & Row.

Erikson, E. H. (1959). Identity and the life cycle. International Universities Press.

Jung, C. G. (1969). The structure and dynamics of the psyche. Princeton University Press.

Kegan, R. (1995). In over our heads: The mental demands of modern life. Harvard University Press.

May, R. (1983). The discovery of being: Writings in existential psychology. W. W. Norton & Company.

McAdams, D. P. (1993). The stories we live by: Personal myths and the making of the self. The Guilford Press.

Mezirow, J. (2000). Learning as transformation: Critical perspectives on a theory in progress. Jossey-Bass.

Ricoeur, P. (1992). Oneself as another. University of Chicago Press.

Rogers, C. R. (1961). On becoming a person: A therapist's view of psychotherapy. Houghton Mifflin, Boston.

Taylor, C. (1989). Sources of the self: The making of the modern identity. Harvard University Press.

Wilber, K. (2000). Integral psychology: Consciousness, spirit, psychology, therapy. Shambhala Publications.

Mindfulness, Consciencia Y Autorregulación

Baer, R. A. (2003). Mindfulness training as a clinical intervention: A conceptual and empirical review. Clinical Psychology: Science and Practice, 10(2), 125–143. https://doi.org/10.1093/clipsy/bpg015

Brown, K. W., & Ryan, R. M. (2003). The benefits of being

present: Mindfulness and its role in psychological well-being. Journal of Personality and Social Psychology, 84(4), 822–848. https://doi.org/10.1037/0022-3514.84.4.822

Davidson, R. J., Kabat-Zinn, J., Schumacher, J., Rosenkranz, M., Muller, D., Santorelli, S. F., Urbanowski, F., Harrington, A., Bonus, K., & Sheridan, J. F. (2003). Alterations in brain and immune function produced by mindfulness meditation. Psychosomatic Medicine, 65(4), 564–570. https://doi.org/10.1097/01.PSY.0000077505.67574.E3

Kabat-Zinn, J. (1990). Full catastrophe living: Using the wisdom of your body and mind to face stress, pain, and illness. Delacorte.

Kabat-Zinn, J. (1994). Wherever you go, there you are: Mindfulness meditation in everyday life. Hyperion.

Lazar, S. W., Kerr, C. E., Wasserman, R. H., Gray, J. R., Greve, D. N., Treadway, M. T., McGarvey, M., Quinn, B. T., Dusek, J. A., Benson, H., Rauch, S. L., Moore, C. I., & Fischl, B. (2005). Meditation experience is associated with increased cortical thickness. NeuroReport, 16(17), 1893–1897. https://doi.org/10.1097/01.wnr.0000186598.66243.19

Lutz, A., Dunne, J. D., & Davidson, R. J. (2007). Meditation and the neuroscience of consciousness: An introduction. In P. Zelazo, M. Moscovitch, & E. Thompson (Eds.), The Cambridge handbook of consciousness (pp. 499–554). Cambridge University Press.

Siegel, D. J. (2007). The mindful brain: Reflection and attunement in the cultivation of well-being. W. W. Norton & Company.

Tang, Y.-Y., Hölzel, B. K., & Posner, M. I. (2015). The neuroscience of mindfulness meditation. Nature Reviews Neuroscience, 16(4), 213–225. https://doi.org/10.1038/nrn3916

Wallace, B. A. (2007). Contemplative science: Where Buddhism and neuroscience converge. Columbia University Press.

Relaciones, Vínculo Y Neurociencia Interpersonal

Badenoch, B. (2008). Being a brain-wise therapist: A practical guide to interpersonal neurobiology. W. W. Norton & Company.

Cozolino, L. (2014). The neuroscience of human relationships: Attachment and the developing social brain (2nd ed.). W. W. Norton & Company.

Feldman, R. (2012). Oxytocin and social affiliation in humans. Hormones and Behavior, 61(3), 380–391. https://doi.org/10.1016/j.yhbeh.2012.01.008

Goleman, D., & Boyatzis, R. (2008). Social intelligence and the biology of leadership. Harvard Business Review, 85(9), 74–81.

Lewis, T., Amini, F., & Lannon, R. (2000). A general theory of love. Random house.

Siegel, D. J. (2010). The mindful therapist: A clinician's guide to mindsight and neural integration. W. W. Norton & Company.

Stern, D. N. (2004). The present moment in psychotherapy and everyday life. W. W. Norton & Company.

Tronick, E. Z. (2007). The neurobehavioral and social-emotional development of infants and children. W. W. Norton & Company.

Trevarthen, C. (2001). Intrinsic motives for companionship in understanding: Their origin, development, and significance for infant mental health. Infant Mental Health Journal, 22(1–2), 95–131. https://doi.org/10.1002/1097-0355(200101/04)22:1<95::AID-IMHJ8>3.0.CO;2-6

Trauma, Memoria Y Resiliencia

Cozolino, L. (2017). The neuroscience of psychotherapy: Healing the social brain (3rd ed.). W. W. Norton & Company.

Feldman Barrett, L. (2017). How emotions are made: The secret life of the brain. Houghton Mifflin Harcourt.

Herman, J. L. (1992). Trauma and recovery: The aftermath of violence—from domestic abuse to political terror. Basic Books.

McEwen, B. S., & Stellar, E. (1993). Stress and the individual: Mechanisms leading to disease. Archives of Internal Medicine, 153(18), 2093–2101. https://doi.org/10.1001/archinte.1993.00410180039004

Ogden, P., Minton, K., & Pain, C. (2006). Trauma and the body: A sensorimotor approach to psychotherapy. W. W. Norton & Company.

Perry, B. D., & Szalavitz, M. (2007). The boy who was raised as a dog: And other stories from a child psychiatrist's notebook. Basic Books.

Selye, H. (1956). The stress of life. McGraw-Hill.

Van der Kolk, B. A. (2014). The body keeps the score: Brain, mind, and body in the healing of trauma. Viking.

Yehuda, R., & McFarlane, A. C. (1995). Conflict between current knowledge about posttraumatic stress disorder and its original conceptual basis. American Journal of Psychiatry, 152(12), 1705–1713. https://doi.org/10.1176/ajp.152.12.1705

Cambio, Aprendizaje Y Transformación Humana

Argyris, C., & Schön, D. A. (1978). Organizational learning: A theory of action perspective. Addison-Wesley.

Bandura, A. (1997). Self-efficacy: The exercise of control. W H Freeman/Times Books/ Henry Holt & Co.

Beck, A. T. (1976). Cognitive therapy and the emotional disorders. New York, NY: International Universities Press.

Boyatzis, R. E. (2008). Competencies in the 21st century. Journal of Management Development, 27(1), 5–12. https://doi.org/10.1108/02621710810840730

Cranton, P. (1994). Understanding and promoting transformative learning: A guide for educators of adults. Jossey-Bass.

Deci, E. L., & Ryan, R. M. (2000). The "what" and "why" of goal pursuits: Human needs and the self-determination of behavior. Psychological Inquiry, 11(4), 227–268. https://doi.org/10.1207/S15327965PLI1104_01

Freire, P. (1970). Pedagogy of the oppressed. Continuum.

Goleman, D. (2013). Focus: The hidden driver of excellence. HarperCollins Publishers.

Kegan, R., & Lahey, L. L. (2009). Immunity to change: How to overcome it and unlock the potential in yourself and your organization. Harvard Business Press.

Kolb, D. A. (1984). Experiential learning: Experience as the source of learning and development. Prentice Hall.

Senge, P. M. (1990). The fifth discipline: The art and practice of the learning organization. New York: Doubleday/Currency.

Fuentes Complementarias

Bauman, Z. (2000). Liquid modernity. Polity Press.

De Beauvoir, S. (1949). Le deuxième sexe. Gallimard.

Foucault, M. (1975). Surveiller et punir: Naissance de la prison. Editions Gallimard.

Heidegger, M. (1927). Sein und Zeit. Niemeyer Verlag, Tübingen.

James, W. (1902). The varieties of religious experience. Longmans, Green & Co. https://psycnet.apa.org/doi/10.1037/10004-000

Jung, C. G. (1959). The archetypes and the collective unconscious. Princeton University Press.

Ortega y Gasset, J. (1966). Meditaciones del Quijote. (2da.Ed.) Revista de Occidente.

Terminaste este libro.

Nos vemos en:
Momentum: El entrenamiento del cambio.

¿Estás listo?

MOMENTUM

www.ingramcontent.com/pod-product-compliance
Lightning Source LLC
LaVergne TN
LVHW090326051026
849518LV00005B/1894
9786072982369